Vorkurs
Silben sprechen

● **1** 👄 ✏ Sprich laut und schreibe.

Der Re-gen tropft laut auf das Dach
und schon sind al-le Kin-der wach.

○ **2** ✏ Male weiter.

Vorkurs
Silben schwingen

1 Schwinge.

Inhalt Teil A

Inhalt Teil B

Inhalt Teil C

■ Üben-Seiten zum Schreiben   ■ Üben-Seiten zum Lesen   🔴 Üben-Seiten Piris Wörter

1 👁 ✏ Kreise 5 Unterschiede ein.

2 ✏ Was kannst du schon schreiben?

3 ✏ Male weiter.

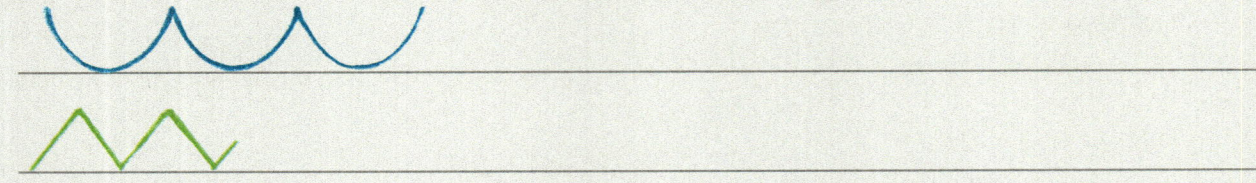

1 Unterschiede einkreisen
2 bekannte Buchstaben und Wörter (den eigenen Namen) schreiben
3 Muster fortsetzen

Vorkurs
Das kann ich schon

1 Was reimt sich? Verbinde.

2 Male weiter.

1 Reimwörter verbinden
2 Muster fortsetzen

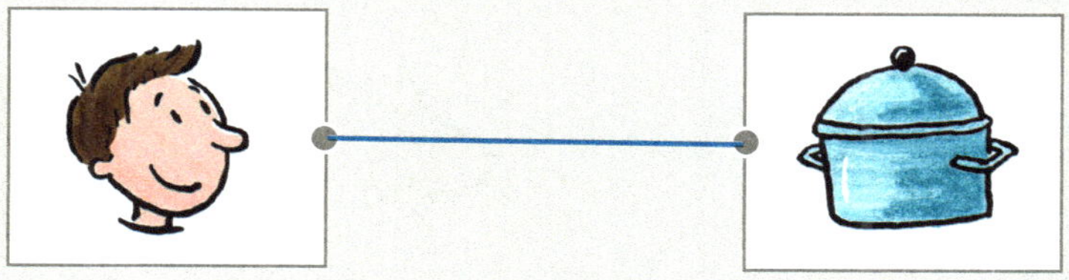

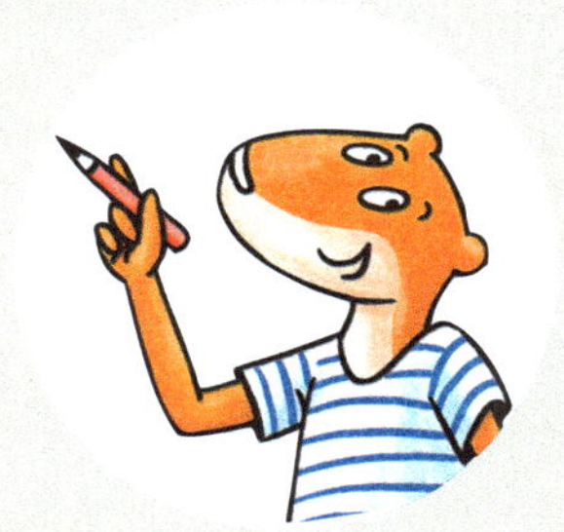

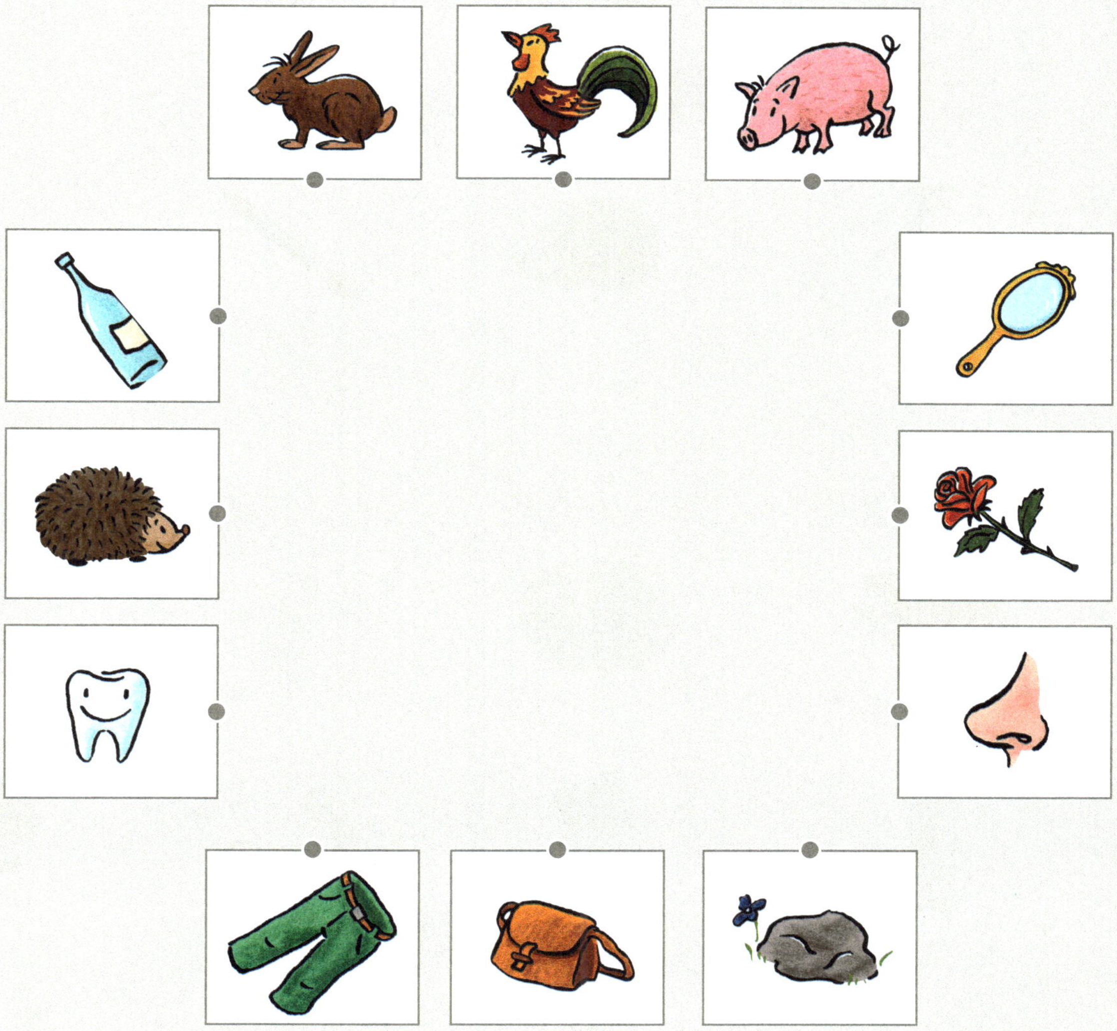

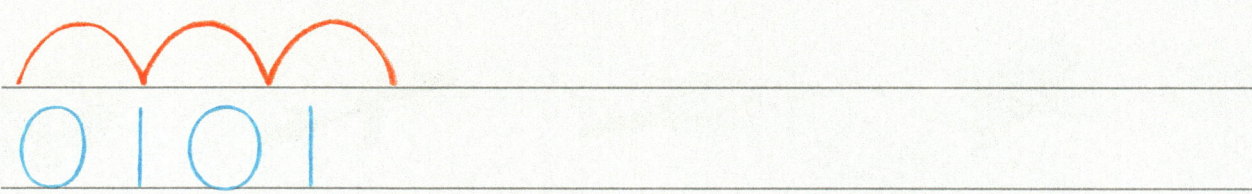

Vorkurs
Reimwörter sprechen

1 👂 ✏️ Ein Wort passt nicht. Streiche es durch.

2 👂 ✏️ Was reimt sich? Kreise ein.

1 nicht reimende Wörter erkennen und durchstreichen
2 Reimwörter erkennen und einkreisen

4

Vorkurs
Silben schwingen

1 Schwinge und verbinde.

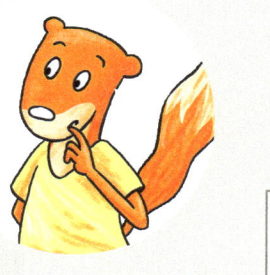

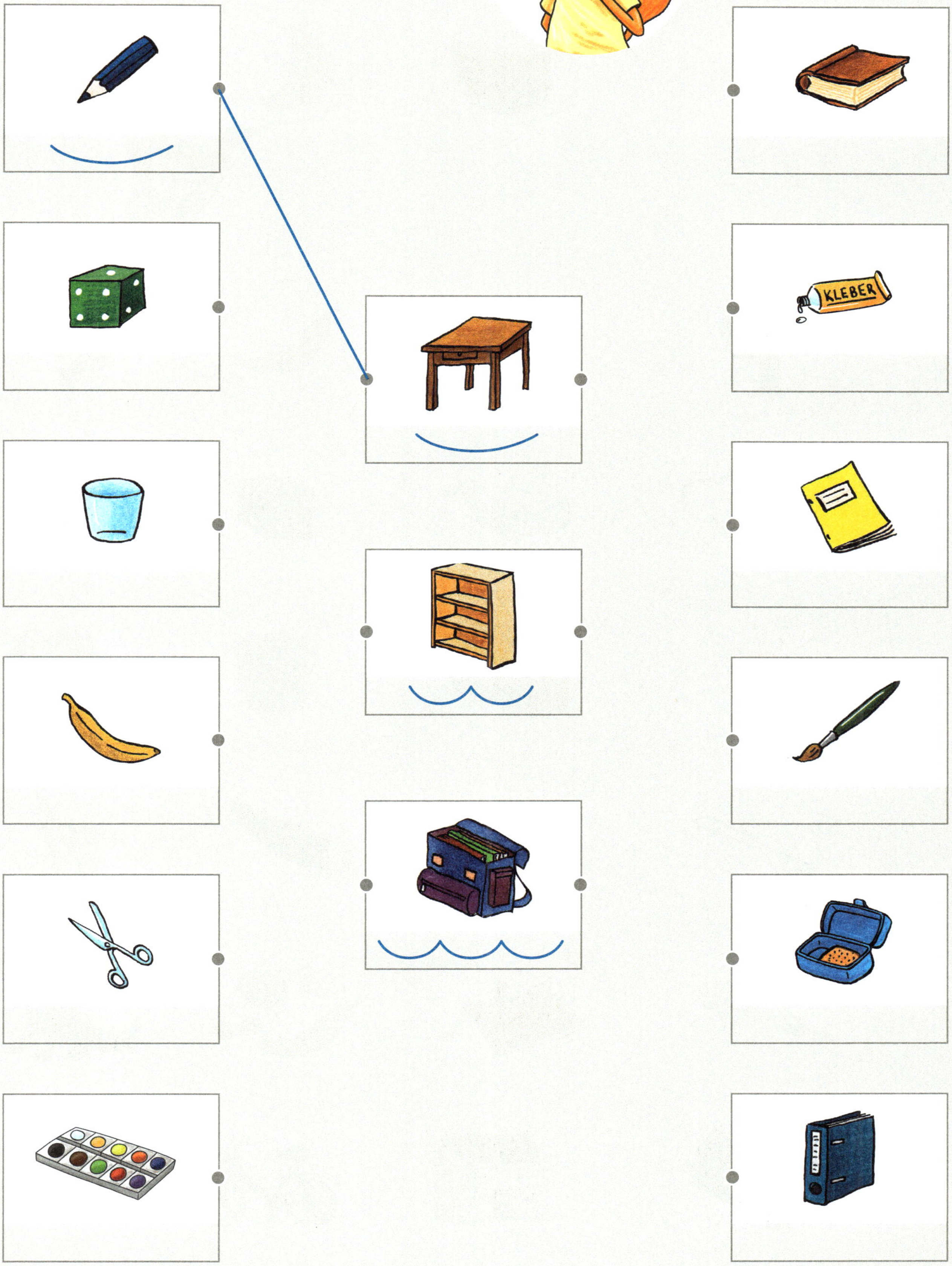

1 Wörter nach Silbenanzahl zuordnen

Vorkurs
Gleiche Anlaute erkennen

○ **1** ⌣ ◌ Was klingt am Anfang gleich? Kreise ein.

1 gleiche Anlaute erkennen

Vorkurs
Gleiche Anlaute erkennen

○ **1** 👄 ✏️ Was klingt am Anfang gleich? Kreise ein.

Vorkurs
Mit der Schreibtabelle Buchstaben schreiben

○ **1** ✍ Schreibe den Anlaut oder den Anlaut und den Kleinbuchstaben.

1 Buchstaben mit der Schreibtabelle schreiben

Vorkurs
Mit der Schreibtabelle Buchstaben schreiben

○ **1** ⬭ ✏️ Schreibe den Anlaut oder den Anlaut und den Kleinbuchstaben.

Vorkurs
Könige erkennen

○ **1** 👂 ✏️ Welchen König (Vokal) hörst du? Verbinde.

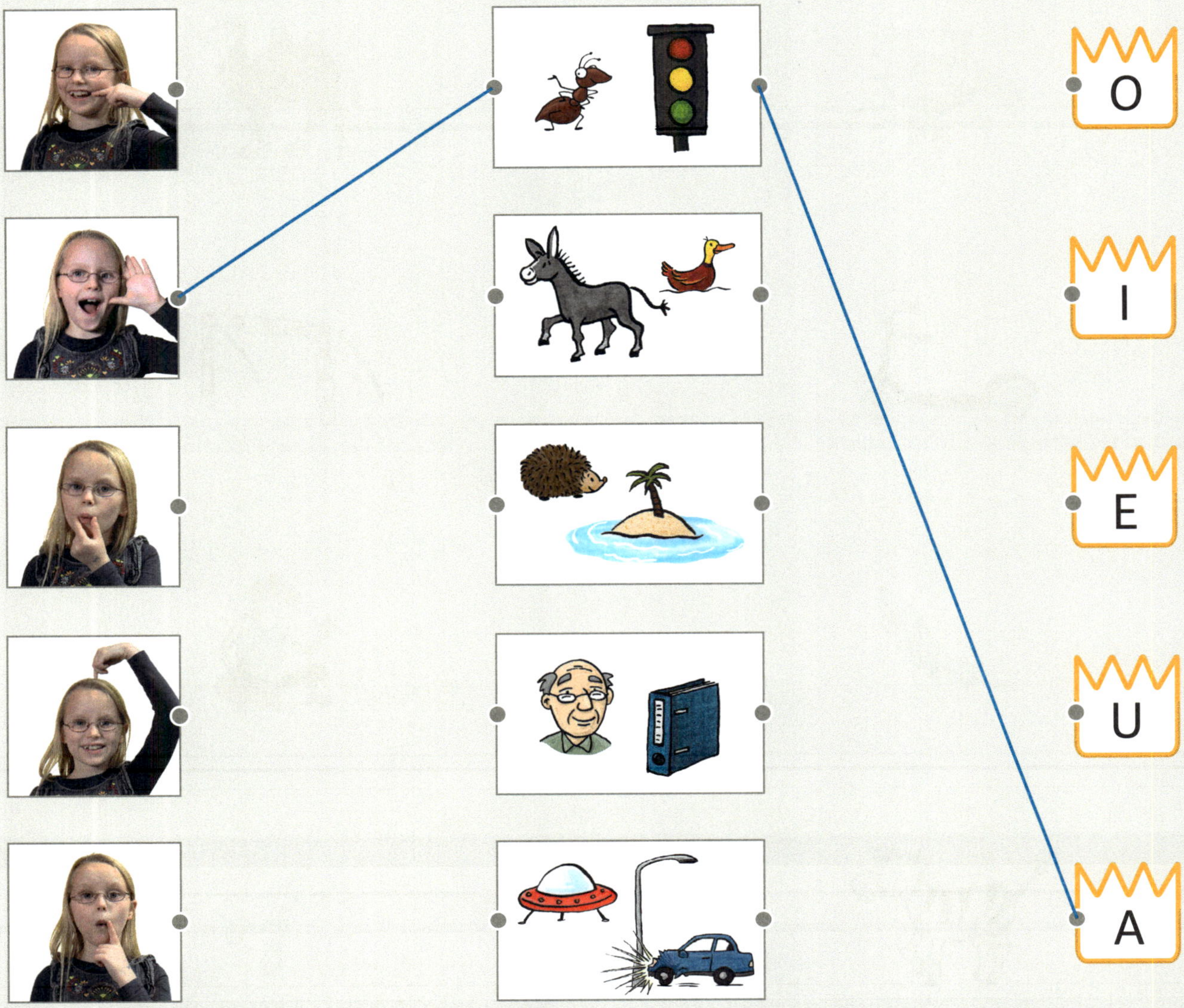

O

I

E

U

A

● **2** 👂 ✏️ Welchen König (Vokal) hörst du? Schreibe.

  O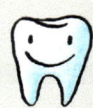

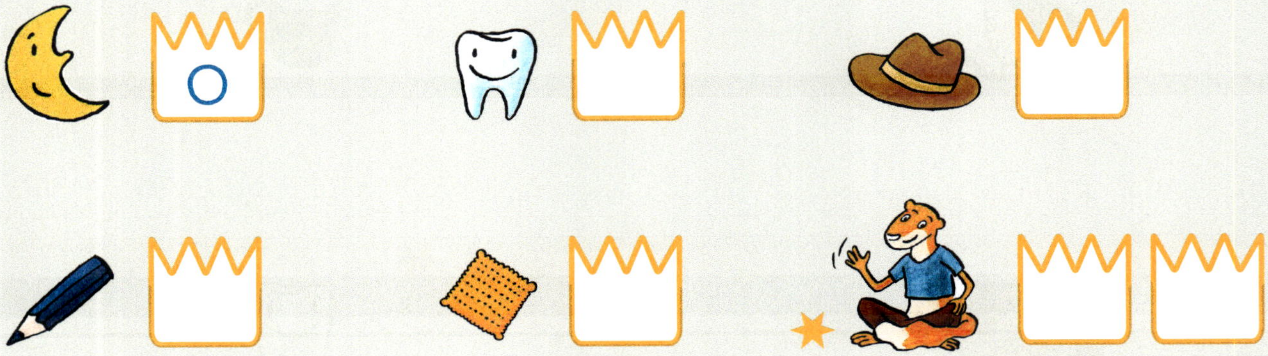

1 Silbenkerne (Vokale) erkennen
2 Silbenkerne (Vokale) erkennen und mit der Schreibtabelle schreiben

Vorkurs
Könige erkennen

○ **1** 👂 ✏️ Welchen König (Vokal) hörst du? Verbinde.

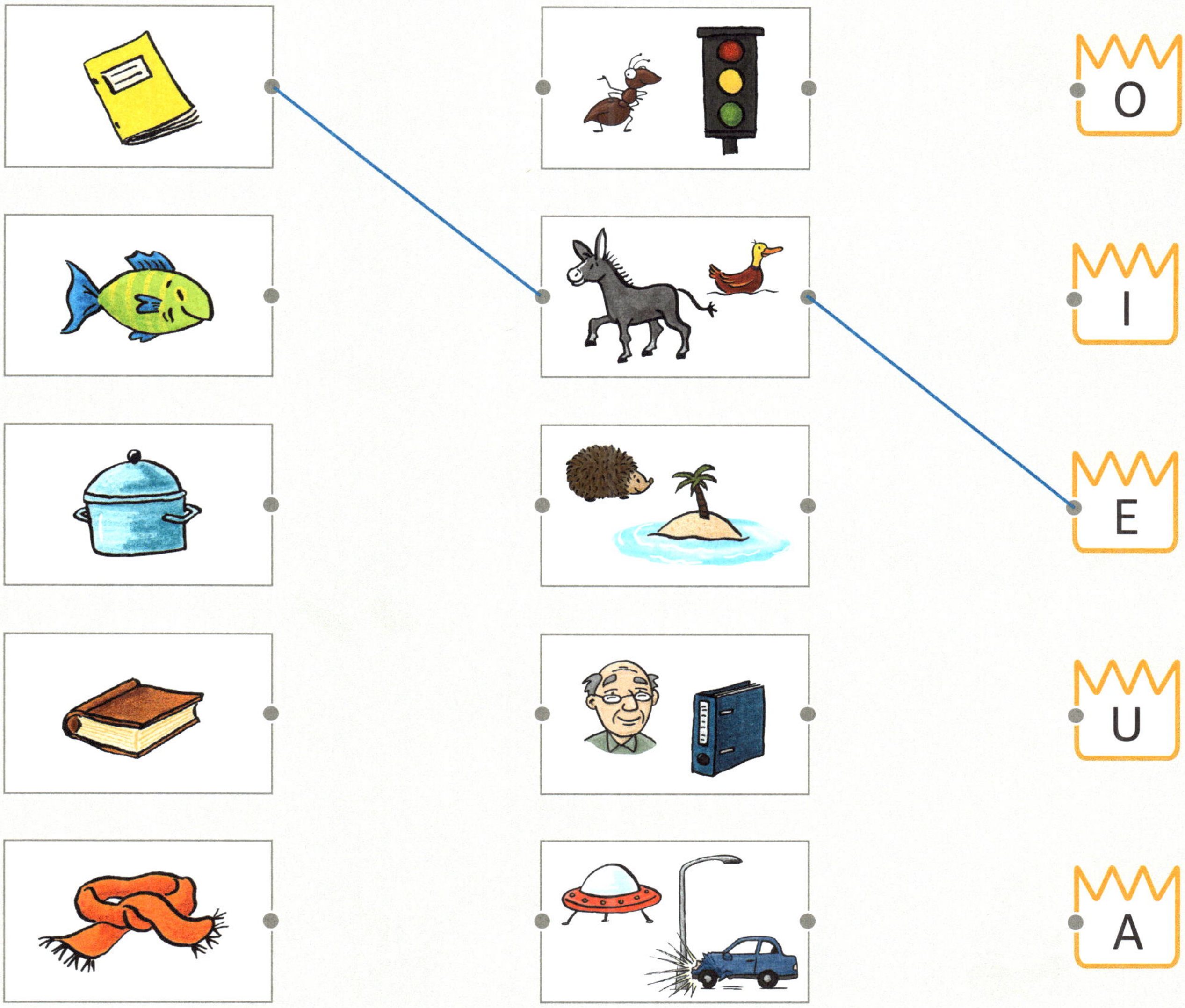

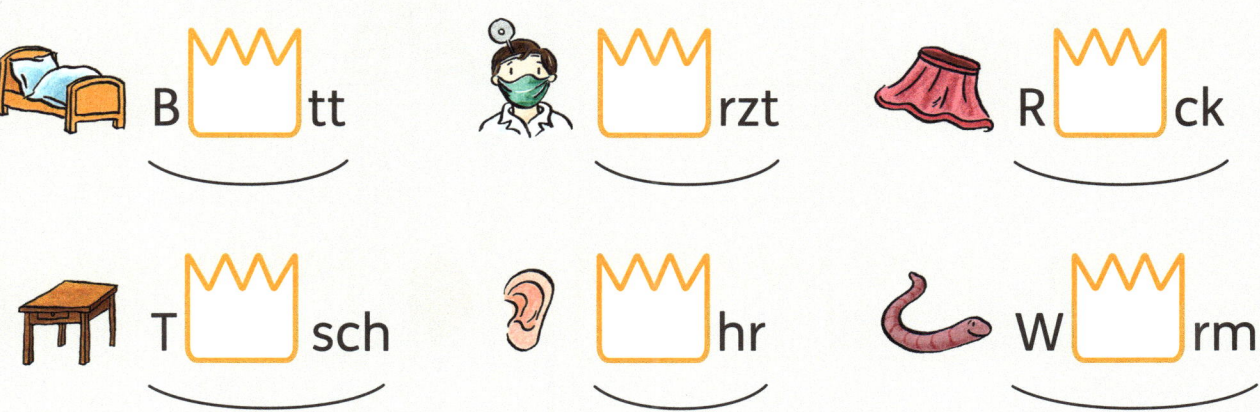

2 👂 ✏️ Welchen König (Vokal) hörst du? Schreibe.

B⟨⟩tt   ⟨⟩rzt   R⟨⟩ck

T⟨⟩sch   ⟨⟩hr   W⟨⟩rm

Vorkurs
Könige erkennen

1 🔊 ✏ Welche Könige (Vokale) hörst du? Schreibe.

2 🔊 ✏ Welche Könige (Vokale) hörst du? Schreibe.

1 Silbenkerne (Vokale) erkennen
2 Silbenkerne (Vokale) erkennen und mit der Schreibtabelle schreiben

Vorkurs
Könige erkennen

○ **1** 👁 👑✏ Jede Silbe hat einen König (Vokal). Markiere.

In jeder Silbe ist ein König (Vokal).

 Wal

 Sofa    Flöte

 Keks    Ufo

 Maus    Flugzeug

 Krankenwagen    Hupe

 Polizist    Puppe

 Regenwurm    Luftpumpe

1 Silbenkerne (Vokale) markieren

Vorkurs
Mit der Schreibtabelle Buchstaben und Silben schreiben

○ **1** 🔊 ✎ Was hörst du? Schreibe die Buchstaben.

		ri				mel
		bra				fa
	l	t				sen
	sche				r	ffe

1 Buchstaben und Silben mit der Schreibtabelle schreiben

Mit der Schreibtabelle Buchstaben und Wörter schreiben

○ **1** ᴗ ✎ Schwinge und schreibe.

Oma

Vorkurs
Das kann ich

○ **1** 🐦 ✏️ Was reimt sich? Verbinde.

   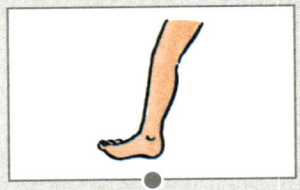

○ **2** 👄 〰️ Sprich laut und schwinge.

● **3** 🐦 ✏️ Was klingt am Anfang gleich? Verbinde.

18

1 Reimwörter passend verbinden
2 Wörter in Silben schwingen und Silbenbögen zeichnen
3 gleiche Anlaute erkennen (akustische Diskriminierung)

Vorkurs
Das kann ich

1 🗣 ✏️ Was hörst du am Anfang? Schreibe den Anlaut.

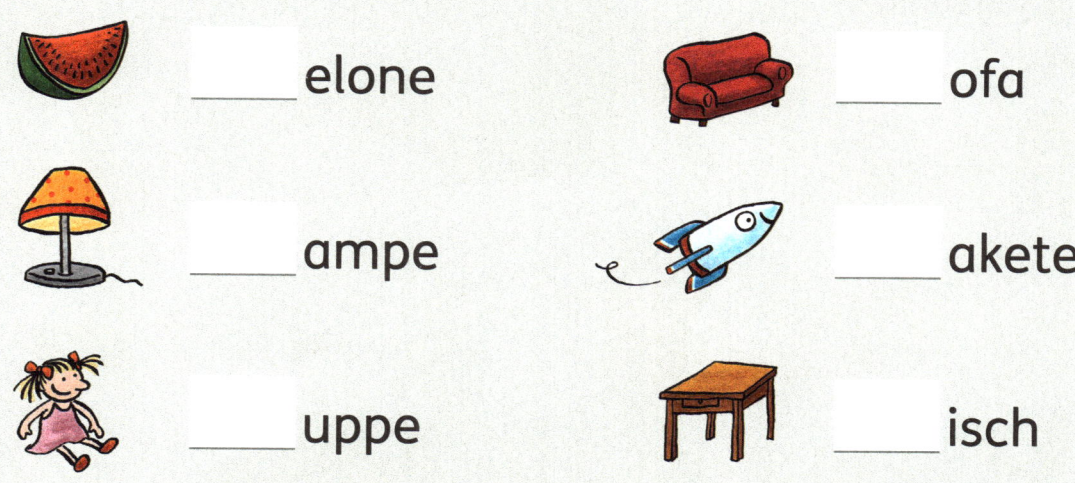

_____elone   _____ofa

_____ampe   _____akete

_____uppe   _____isch

2 🗣 ✏️ Welche Könige (Vokale) hörst du? Schreibe.

M☐nd   Bl☐m☐

H☐s   Z☐tr☐n☐

3 〰️ ✏️ Schwinge und schreibe.

4 🖌 Markiere die Könige (Vokale).

1 Anlaute erkennen und mit der Schreibtabelle scheiben
2 Silbenkerne erkennen und mit der Schreibtabelle
  schreiben

3 Wörter schwingen und mit der Schreibtabelle
  schreiben
4 Silbenkerne (Vokale) markieren

19

Ankommen und lernen

○ **1** 👄 Beschreibe das Bild.

○ **2** ✏️ 📝 Male oder schreibe.

> ### Meine Klasse

1 zum Bild erzählen, sich an Gesprächen beteiligen, über Lernen
sprechen (Wortschatz zu einem Thema anwenden: Der erste Schultag)
2 zum Bild malen oder schreiben

○ **1** ✎ Schreibe.

M M M M M | m m m m m

M

m

M

m

M m M m

M m M m

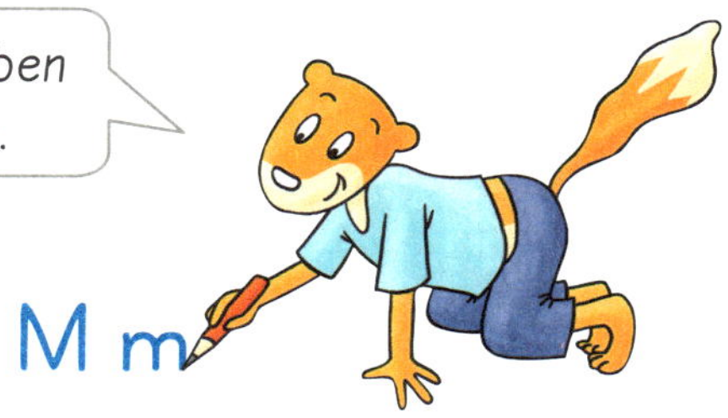

> M und m haben
> drei Beine.

M m

M m

○ **2** ✏️✏️ Kreise (M) und (m) ein. Zähle und schreibe.

> M A M O N A M I N o m a w i n o m e w u
>
> Maro malt mit Oma und Mimi.

○ **3** 👂 ✗✏️ Hörst du M, m im Wort? Kreuze an.

☒   ☐   ☐   ☐

◒ **4** 👂 ✍️ In welcher Silbe klingt M, m? Höre und schreibe M, m.

| M | | | | m | | | |

| | | | | | | | | |

★   ★   ★

2 Buchstaben erkennen (optische Diskriminierung)
3 Laute erkennen (akustische Diskriminierung)
4 Laute Silben zuordnen (akustische Diskriminierung)

5 〰 ✎ Schwinge und schreibe.

Oma

6 👑✎ Markiere die Könige (Vokale).

7 👂 ✎ Welche Könige hörst du? Schreibe.

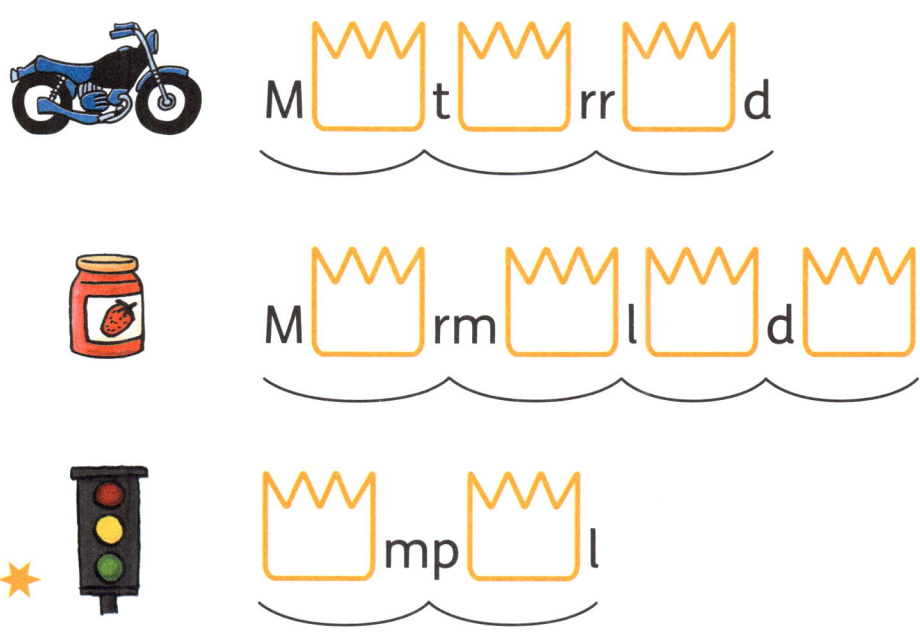

M ⬚ t ⬚ rr ⬚ d

M ⬚ rm ⬚ l ⬚ d ⬚

⬚ mp ⬚ l

5 Wörter schwingen und mit der Schreibtabelle schreiben
6 Silbenkerne markieren
7 Laute erkennen und schreiben

M m

○ **8** 👓 ✏️ Lies. Kreise (ma) und (am) ein.

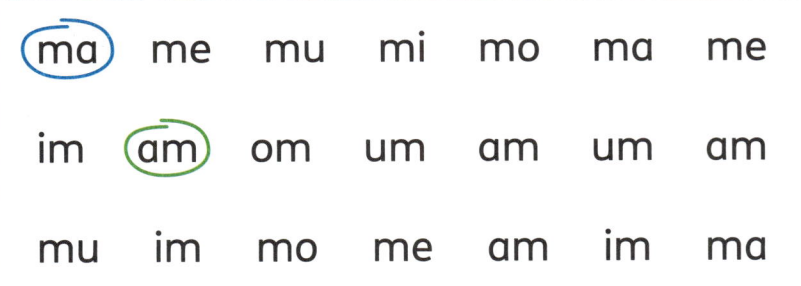

(ma)	me	mu	mi	mo	ma	me
im	(am)	om	um	am	um	am
mu	im	mo	me	am	im	ma

ma   **am**

◐ **9** 👓 ✏️ Lies und verbinde.

Ma •

Mo •

Me •

Mo •

Ma •

Me •

Im •

Am •

Um •

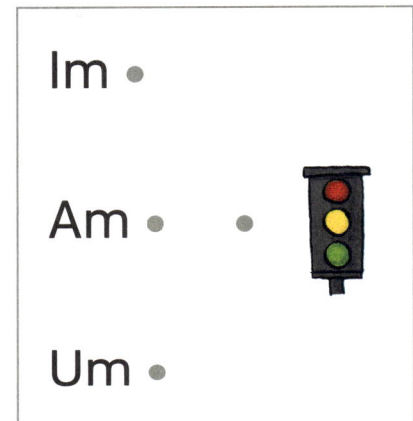

● **10** 👓 ✏️ Lies und verbinde.

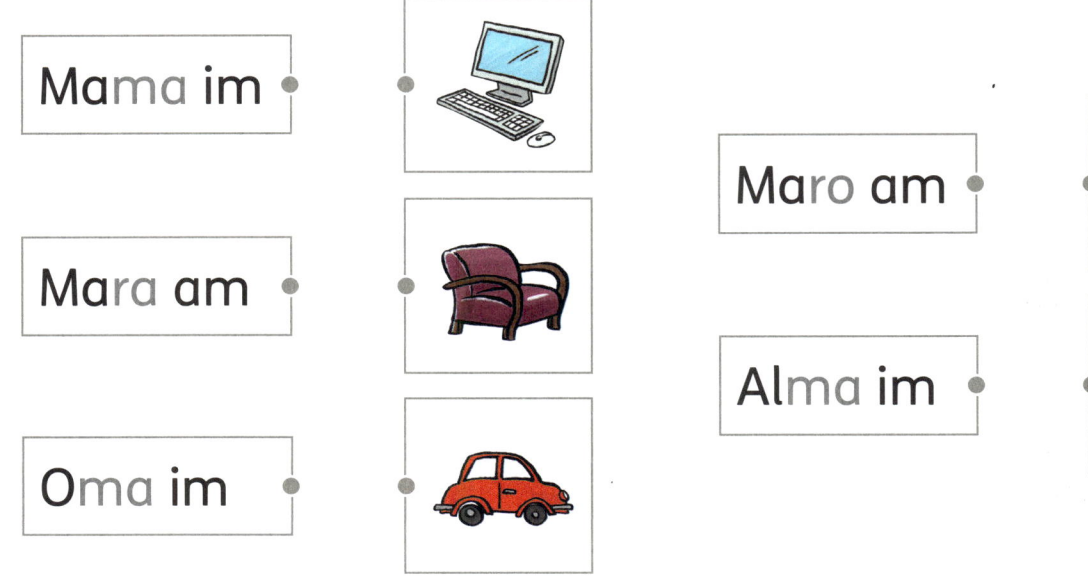

Mama im

Mara am

Oma im

Maro am

Alma im

8 Silben mehrfach lesen und ganzheitlich erfassen
9 passende Silben mit Bild verbinden
10 Wortgruppen mit passendem Bild verbinden

A a

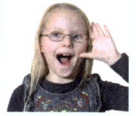

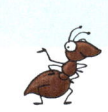

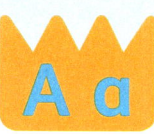

○ 1 Schreibe.

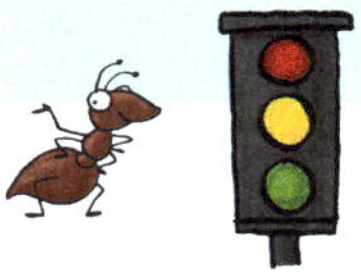

A A A A A

a a a a a

A A

a a

A a A a

am am

ma ma

Mama

A a

A wie in 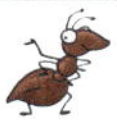

a wie in 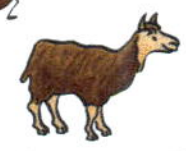

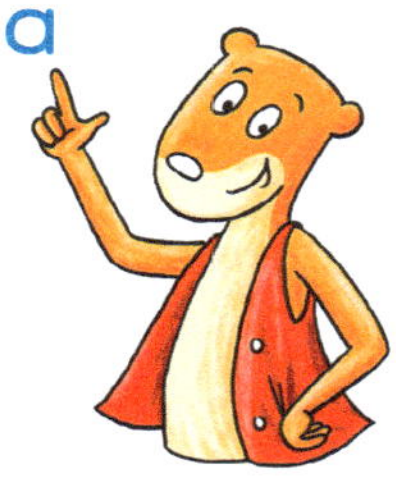

1 Buchstaben und Wörter nachspuren und schreiben

○ **2** ✏️ ✏️ Kreise A und a ein. Zähle und schreibe.

Ⓐ V ⓐ d o g A a V A o d a A V a d o A V

Mama   Alma   Oma   Ast   Lamm   Ball

○ **3** 👂 ✏️ Hörst du A, a im Wort? Kreuze an.

□   □   □   □

⊖ **4** 👂 ✏️ In welcher Silbe klingt A, a? Höre und schreibe A, a.

□ a    A □   □ □

□ □   □ □   □ □ □

⭐ □ □   ⭐ □ □ □   ⭐ □ □ □

2 Buchstaben erkennen (optische Diskriminierung)
3 Laute erkennen (akustische Diskriminierung)
4 Laute Silben zuordnen (akustische Diskriminierung)

5  Schwinge und schreibe.

Ist in jeder Silbe ein König (Vokal)?

6 Markiere die Könige (Vokale).

7 Was hörst du am Anfang? Verbinde.

M   A

5 Wörter schwingen und mit der Schreibtabelle schreiben
6 Silbenkerne markieren
7 passende Anlaute mit Bild verbinden

27

○ **8** 👓 ✏️ Lies. Kreise (Am) und (am) ein.

ma	am	Am	Ma	ma	am	Ma
im	Ma	um	Am	im	um	am
Am	im	ma	um	Am	Ma	am

Am   am

● **9** 👓 ✏️ Wo klingt Am, am und Ma, ma? Lies und verbinde.

Am

am

Ma

ma

8 Silben mehrfach lesen und ganzheitlich erfassen
9 passende Silben mit Bild verbinden

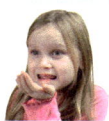

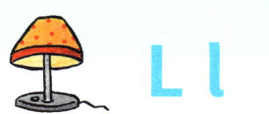

○ **1** Schreibe.

L L L L L

l l l l l

L

l

L l

La

Alm

Lama

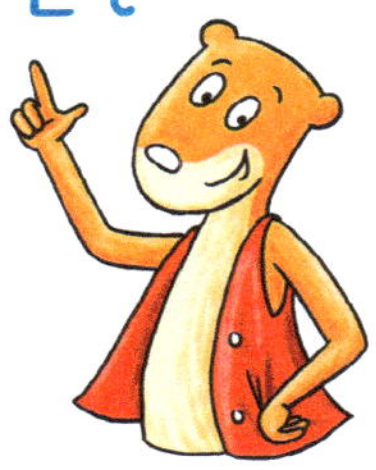
L l
Das große L hat
unten eine Ecke.

1 Buchstaben und Wörter nachspuren und schreiben

L l

○ **2** ✏️ ✏️ Kreise (L) und (l) ein. Zähle und schreibe.

L J l j l t f L T F l i j J L F f t l i

Lama   Lamm   Alm   malen   Ball   alle

○ **3** 🔊 ✗✏️ Hörst du L, l im Wort? Kreuze an.

☐   ☐   ☐   ☐

● **4** 🔊 ✍️ In welcher Silbe klingt L, l? Höre und schreibe L, l.

☐ ☐   ☐ ☐   ☐ ☐

⌣ ⌣   ⌣ ⌣   ⌣ ⌣

☐ ☐   ☐ ☐   ☐ ☐ ☐

⌣ ⌣   ⌣ ⌣   ⌣ ⌣ ⌣

⭐ ☐ ☐   ⭐ ☐ ☐ ☐   ⭐ ☐ ☐ ☐ ☐

⌣ ⌣   ⌣ ⌣ ⌣   ⌣ ⌣ ⌣ ⌣

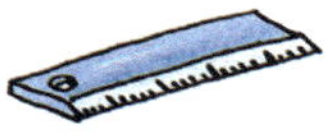

2 Buchstaben erkennen (optische Diskriminierung)
3 Laute erkennen (akustische Diskriminierung)
4 Laute Silben zuordnen (akustische Diskriminierung)

5 〰 ✎ Schwinge und schreibe.

      ⭐

6 👑✏ Markiere die Könige (Vokale).

7 👓 ✎ Lies und verbinde.

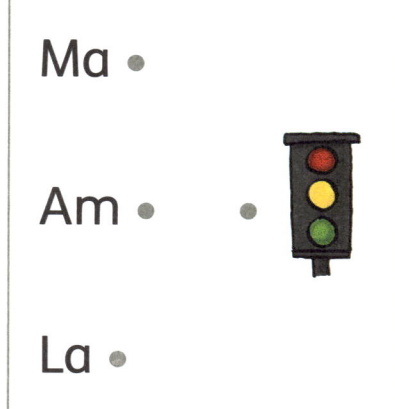
Ma •
Am • •
La •

Al •
Am •
Ma •

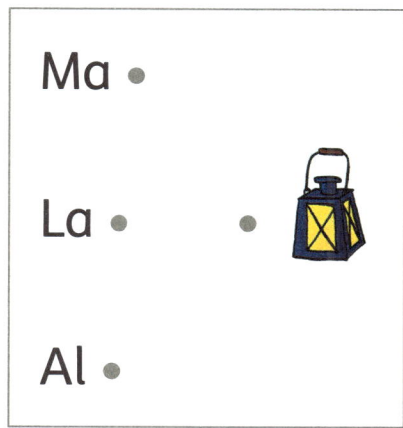
Ma •
La • •
Al •

8 👓 ✎ Lies und verbinde.

| Ma**ma** | Lamm | Al**ma** | La**ma** |

5 Wörter schwingen und mit der Schreibtabelle schreiben
6 Silbenkerne markieren
7 passende Silben mit Bild verbinden

8 passende Wörter mit Bild verbinden

31

○ **1** ✏ Schreibe.

E E E
E
E
E

e e
e
e
e

E

E

e

e

E e

E e

Em

Em

male

alle

E e

E und e wie in

2 ✏️ ✏️ Kreise (E) und (e) ein. Zähle und schreibe.

E F T e E L o E e F a T E e E a F T o e

Emma   Ella   Lea   Ele   alle   Ente   Esel

E	e

3 👂 ✗ Hörst du E, e im Wort? Kreuze an.

☐   ☐   ☐   ☐

4 👂 ✏️ In welcher Silbe klingt E, e? Höre und schreibe E, e.

☐ ☐   ☐ ☐   ☐ ☐

☐ ☐   ☐ ☐   ⭐ ☐ ☐ ☐

⭐ ☐ ☐   ⭐ ☐ ☐   ⭐ ☐ ☐ ☐

2 Buchstaben erkennen (optische Diskriminierung)
3 Laute erkennen (akustische Diskriminierung)
4 Laute Silben zuordnen (akustische Diskriminierung)

33

5 👂 ✏️ Wie klingt E, e? Verbinde.

6 〰️ ✏️ Schwinge und schreibe.

7 👑✏️ Markiere die Könige (Vokale).

5 Kurze und lange Selbstlaute (Vokale) unterscheiden
6 Wörter schwingen und mit der Schreibtabelle schreiben
7 Silbenkerne markieren

mag

8 Lies und schreibe.

Alma   am   Lama   Mama   Alm   Lea

Ella   alle   Emma   Lamm   Mela   Ole

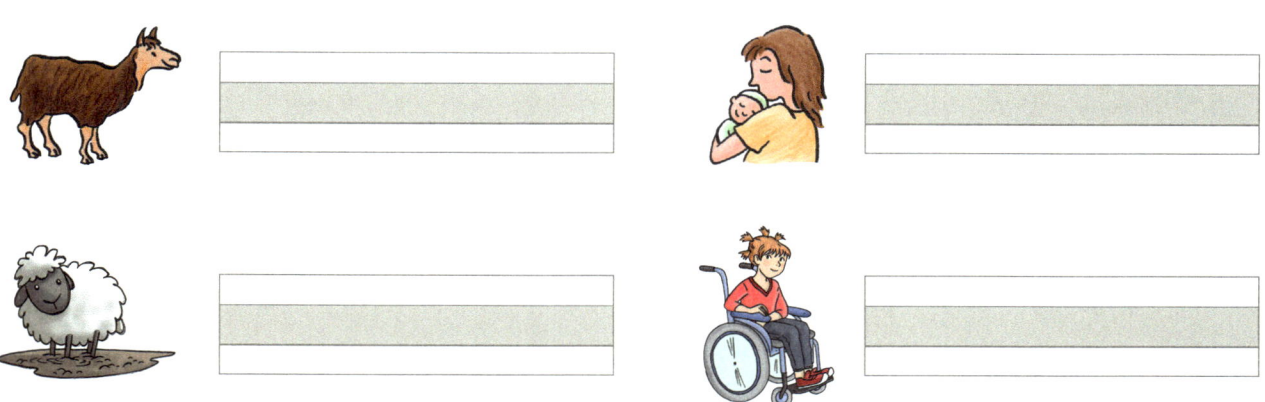

9 Lies und verbinde.

Lea mag Mela.

Mela mag Ella.

Ella mag Alma.

Alma mag Ole.

Ole mag Lola.

Lola mag 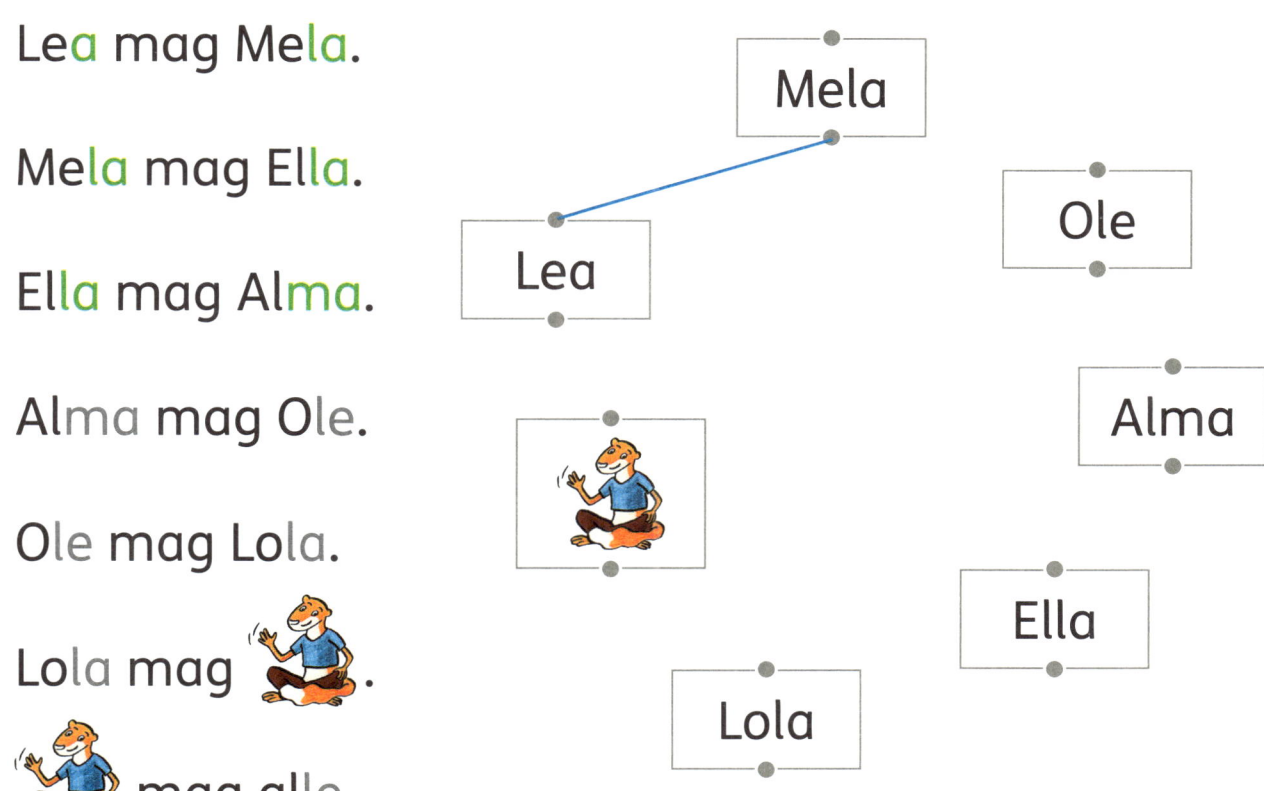.

mag alle.

Alma mag Ella, Lola mag Otto und Piri mag Tina.

8 passende Wörter dem Bild zuordnen und schreiben
9 Sätze mit Ganzwort „mag" sinnerfassend lesen und Wörter passend verbinden.

35

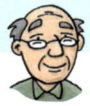

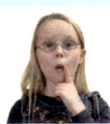

○ **1** Schreibe.

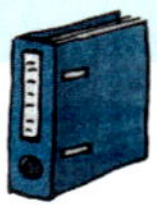

O O O O O | o o o o o

O O

o o

O o O o

Oma

Leo

Ole

Beginne oben –
und mit Schwung
linksherum.

1 Buchstaben und Wörter nachspuren und schreiben

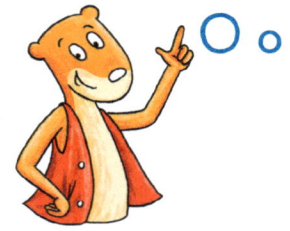

2 ✏️ Kreise Ⓞ und ⓞ ein. Zähle und schreibe.

O U D Q O a o e g o d o O D o a Q d

Oma   M**o**m**o**   Le**o**   **O**le   **O**pa   r**o**t   R**o**se

3 🔊 Hörst du O, o im Wort? Kreuze an.

☐   ☐   ☐   ☐

4 🔊 ✏️ In welcher Silbe klingt O, o? Höre und schreibe O, o.

☐ ☐

☐ ☐ ☐

☐ ☐

☐ ☐

☐ ☐

☐ ☐

⭐

☐ ☐ ☐

⭐

☐ ☐

⭐

☐ ☐ ☐

2 Buchstaben erkennen (optische Diskriminierung)
3 Laute erkennen (akustische Diskriminierung)
4 Laute Silben zuordnen (akustische Diskriminierung)

37

5 ✋ ✍ Wie klingt O, o? Verbinde.

6 〰 ✍ Schwinge und schreibe.

Ist in jeder Silbe ein König (Vokal)?

7 👑✏ Markiere die Könige (Vokale).

5 kurze und lange Selbstlaute (Vokale) unterscheiden
6 Buchstaben schreiben
7 Silbenkerne markieren

8 Lies und verbinde.

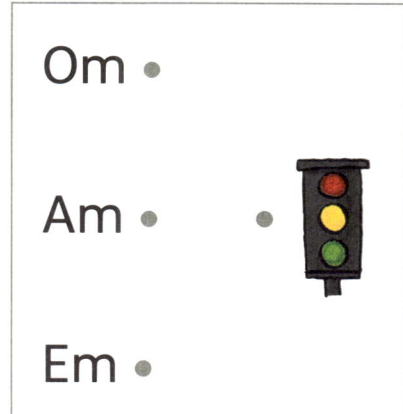

Om •

Am •   •

Em •

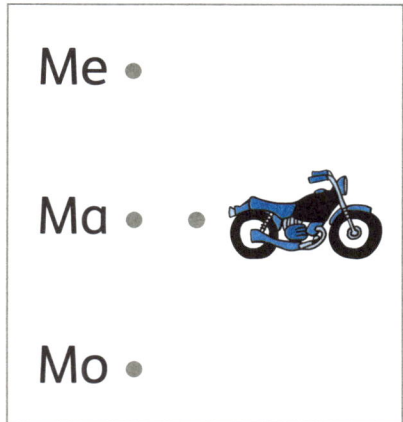

Me •

Ma •   •

Mo •

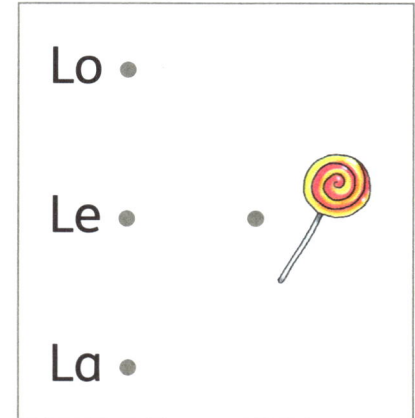

Lo •

Le •   •

La •

9 Was gehört zusammen? Lies, verbinde und schreibe.

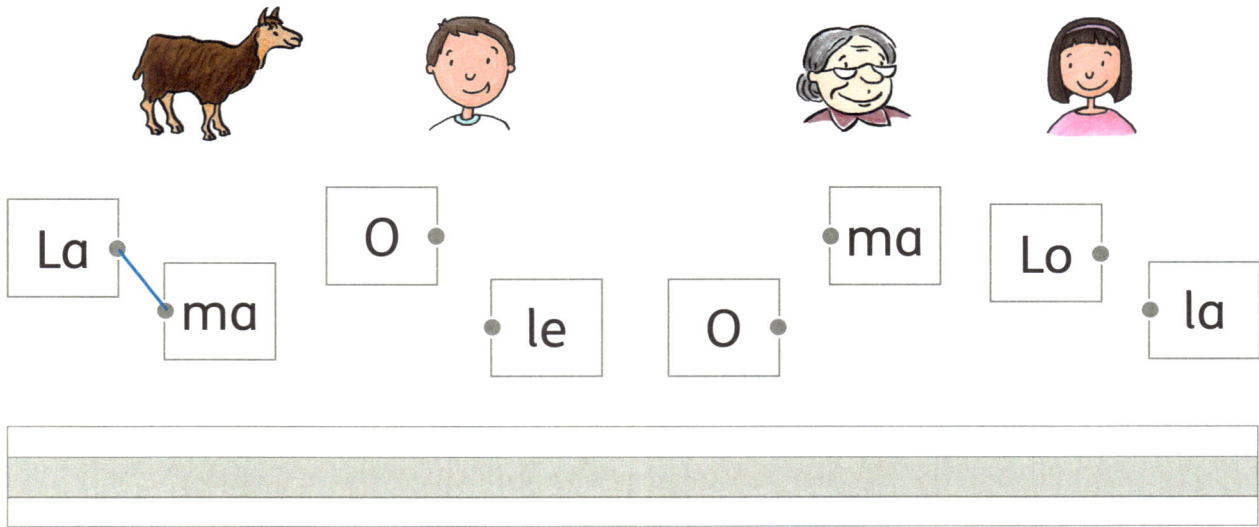

La •
•ma

O •
•le

O •
•ma

Lo •
•la

10 Schreibe zum Bild.

8 passende Silben mit Bild verbinden
9 Wörter aus Silben zusammensetzen und schreiben
10 mit der Schreibtabelle schreiben (freies Schreiben)

R r

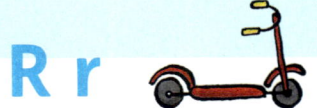

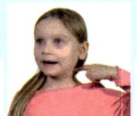

○ **1** Schreibe.

R R R R R | r r r r r

R R

r r

R r R r

Rom

Arm

Roller

R r

R wie in

r wie in

1 Buchstaben und Wörter nachspuren und schreiben

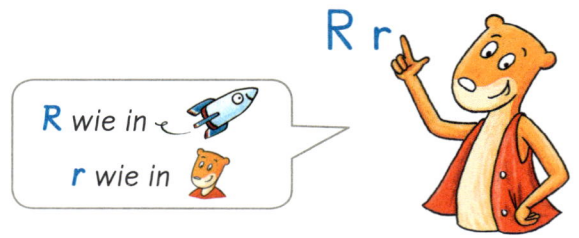

2 ✐✐ Kreise ⓡ und ⓡ ein. Zähle und schreibe.

> R O o e r R r e p k r k R O R K k r o K R
>
> Rolle arm Rom Meer Roller rot rosa alter

R	r

3 ✐ ✗✐ Hörst du R, r im Wort? Kreuze an.

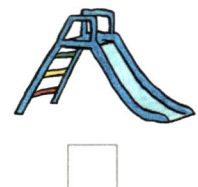   

☐   ☐   ☐   ☐

4 ✐ ☑✐ In welcher Silbe klingt R, r? Höre und schreibe R, r.

☐ ☐   ☐ ☐ ☐   ☐ ☐

☐ ☐   ☐ ☐   ☐ ☐

⭐ ☐ ☐ ☐   ⭐ ☐ ☐   ⭐ ☐ ☐ ☐

2 Buchstaben erkennen (optische Diskriminierung)
3 Laute erkennen (akustische Diskriminierung)
4 Laute Silben zuordnen (akustische Diskriminierung)

41

R r

5 ⌣ ✎ Schwinge und schreibe.

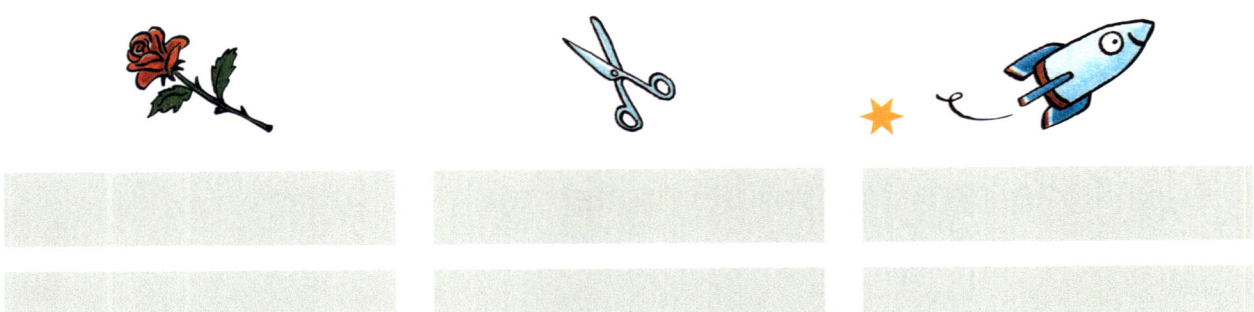

6 👑✏ Markiere die Könige (Vokale).

7 👓 ✗✏ Was ist richtig? Lies und kreuze an.

	Roller			Lama
	Rolle			Lamm

8 👓 ✗✏ Was ist richtig? Lies und kreuze an.

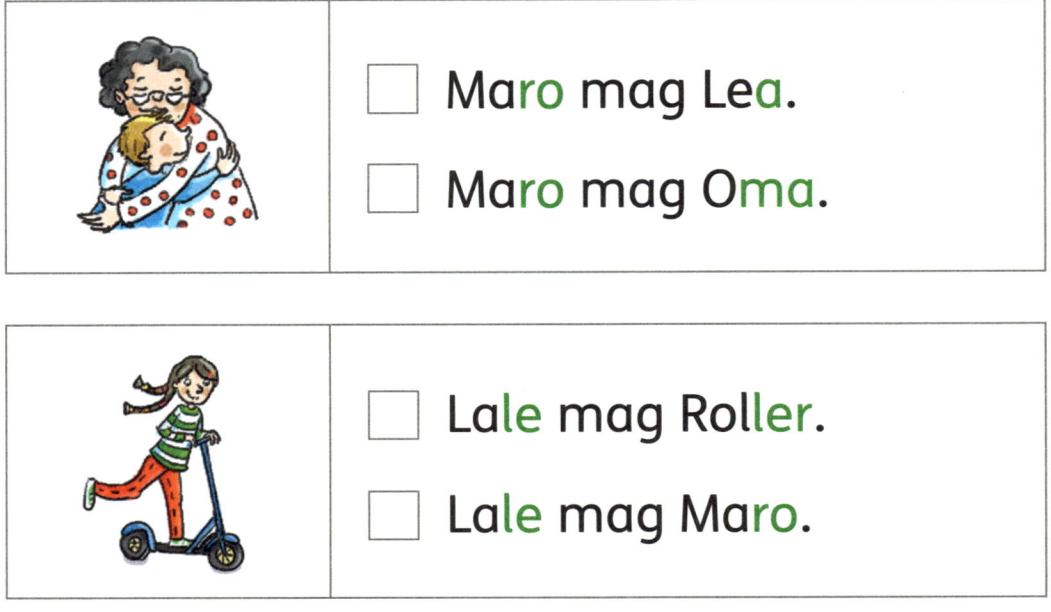

☐ Maro mag Lea.
☐ Maro mag Oma.

☐ Lale mag Roller.
☐ Lale mag Maro.

5 Wörter schwingen und mit der Schreibtabelle schreiben
6 Silbenkerne markieren
7 passende Wörter zum Bild ankreuzen

8 Sätze mit Ganzwort „mag" sinnerfassend lesen,
passende Sätze zum Bild ankreuzen

I i

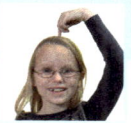

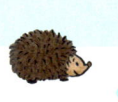

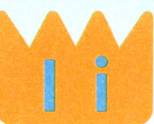

1 Schreibe.

I I I I I

i i i i i

I I

i i

I i I i

im

Mia

immer

Das kleine *i*
hat einen Punkt: •
I i

1 Buchstaben und Wörter nachspuren und schreiben

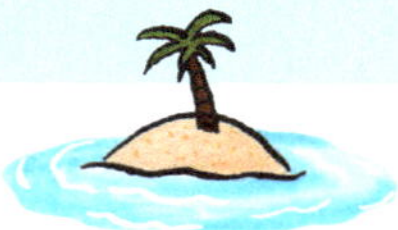

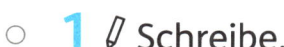

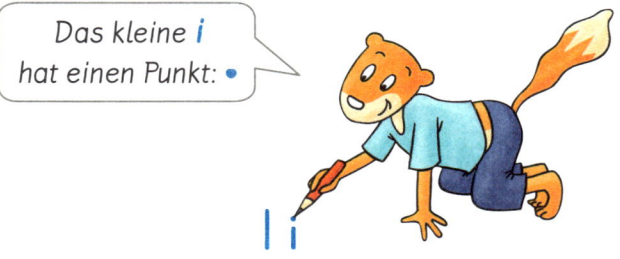

2 ✏️✏️ Kreise ⓵ und ⓘ ein. Zähle und schreibe.

L i t I T L I i j t Y I i H i I L l F i

Limo mit lila im ist Lisa Pirat Piri

3 👂 ✗✏️ Hörst du I, i im Wort? Kreuze an.

☐ ☐ ☐ ☐

4 👂 📝 In welcher Silbe klingt I, i? Höre und schreibe I, i.

☐ ☐

☐ ☐ ☐

☐ ☐
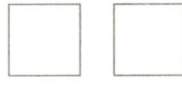

☐ ☐

☐ ☐
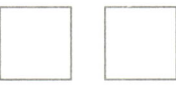

☐ ☐
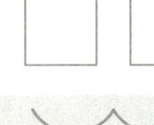

⭐
☐ ☐

⭐
☐ ☐

⭐
☐ ☐ ☐

2 Buchstaben erkennen (optische Diskriminierung)
3 Laute erkennen (akustische Diskriminierung)
4 Laute Silben zuordnen (akustische Diskriminierung)

5 👂 ✏️ Wie klingt I, i? Verbinde.

6 〰️ ✏️ Schwinge und schreibe.

7 🖍️ Markiere die Könige (Vokale).

5 Kurze und lange Selbstlaute (Vokale) unterscheiden
6 Wörter schwingen und mit der Schreibtabelle schreiben
7 Silbenkerne markieren

45

○ **8** Was ist richtig? Lies und kreuze an.

☐ im
☐ um
☐ am

☐ um
☐ im
☐ am

○ **9** Lies und verbinde.

Miriam mag Limo.

Piri mag Rot.

Alma ist im Rolli.

Milo mag Salat.

Ina ist am Roller.

Ole ist am Tor.

● **10** Was filmt Piri? Schreibe.

8 passende Wörter zum Bild ankreuzen
9 Sätze mit Ganzwörtern „mag" und „ist" sinnerfassend
lesen, passende Sätze mit Bild verbinden

10 mit der Schreibtabelle schreiben (freies Schreiben)

 T t

○ **1** ✎ Schreibe.

T   T   T   T
    T   T

t   t   t   t
    t   t

T   T

t   t

T t   T t

Tor

Ast

mit

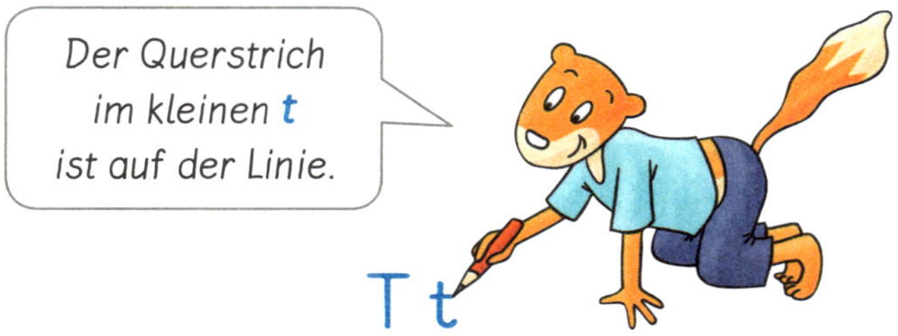

> Der Querstrich im kleinen **t** ist auf der Linie.

T t

T t

2 ✏️✏️ Kreise Ⓣ und ⓣ ein. Zähle und schreibe.

F H T E T K L T F T E t l t j l f t j l

Otto macht ein Tor mit links
und Lotta jubelt begeistert.

3 👂✏️ Hörst du T, t im Wort? Kreuze an.

☐ ☐ ☐ ☐

4 👂✏️ In welcher Silbe klingt T, t? Höre und schreibe T, t.

☐ ☐   ☐ ☐   ☐ ☐

 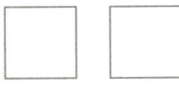 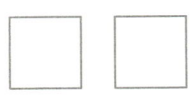

☐ ☐   ☐ ☐ ☐   ☐ ☐

★ ☐ ☐ ☐   ★ ☐ ☐   ★ ☐ ☐ ☐

2 Buchstaben erkennen (optische Diskriminierung)
3 Laute erkennen (akustische Diskriminierung)
4 Laute Silben zuordnen (akustische Diskriminierung)

5 〰 ✐ Schwinge und schreibe.

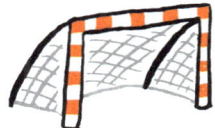  

6 ✐ Markiere die Könige (Vokale).

7 👓 ✐ Lies und verbinde.

Te Ta To

5 Wörter schwingen und mit der Schreibtabelle schreiben
6 Silbenkerne markieren
7 passende Silben mit Bild verbinden

49

8 👓 ✏️ Was gehört zusammen? Lies, verbinde und schreibe.

Rit	•	•	mel
Tor	•	•	ter
Trom	•	•	te

9 👓 ❌ Was ist richtig? Lies und kreuze an.

☐ Maro ist am Tor.

☐ Maro ist im Tor.

☐ Alma ist im Tor.

⭐ ☐ Alma ist mit Piri am Tor.

10 ✏️ 📝 Wer spielt mit? Male und schreibe.

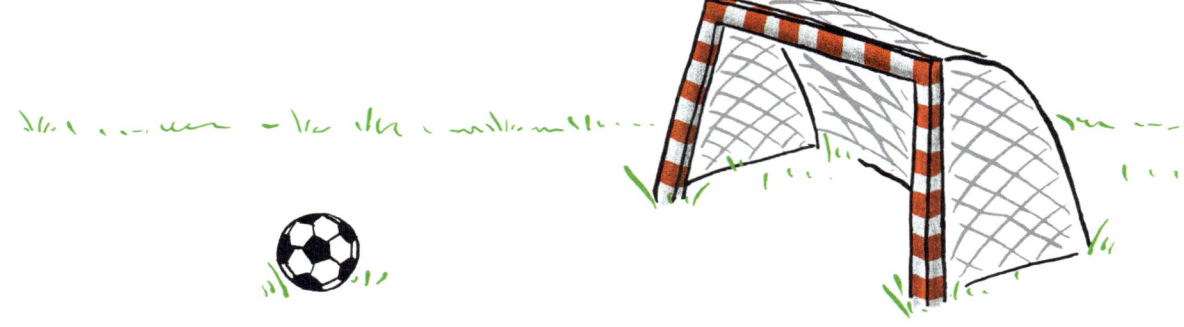

8 Wörter aus Silben zusammensetzen und schreiben
9 passende Sätze zum Bild ankreuzen
10 malen und mit der Schreibtabelle schreiben (freies Schreiben)

Ein Buchstabenbuch basteln

• **1** ∞ Lies.

    1. Falte ein DIN A4 Blatt quer.

    2. Suche dir einen Buchstaben aus.

    3. Schreibe oder klebe ihn auf das Blatt.

    4. Gestalte die Seite schön.

    5. Finde Bilder und Wörter, die mit deinem Buchstaben
       anfangen. Male, schreibe oder klebe sie auf Seite 2
       deines Buches.

    6. Finde Wörter, die deinen Buchstaben enthalten.
       Schreibe, male oder klebe sie auf Seite 3 deines Buches.

• **2** ✎ Bastele dein eigenes Buchstabenbuch.

1   Was gehört zusammen? Verbinde.

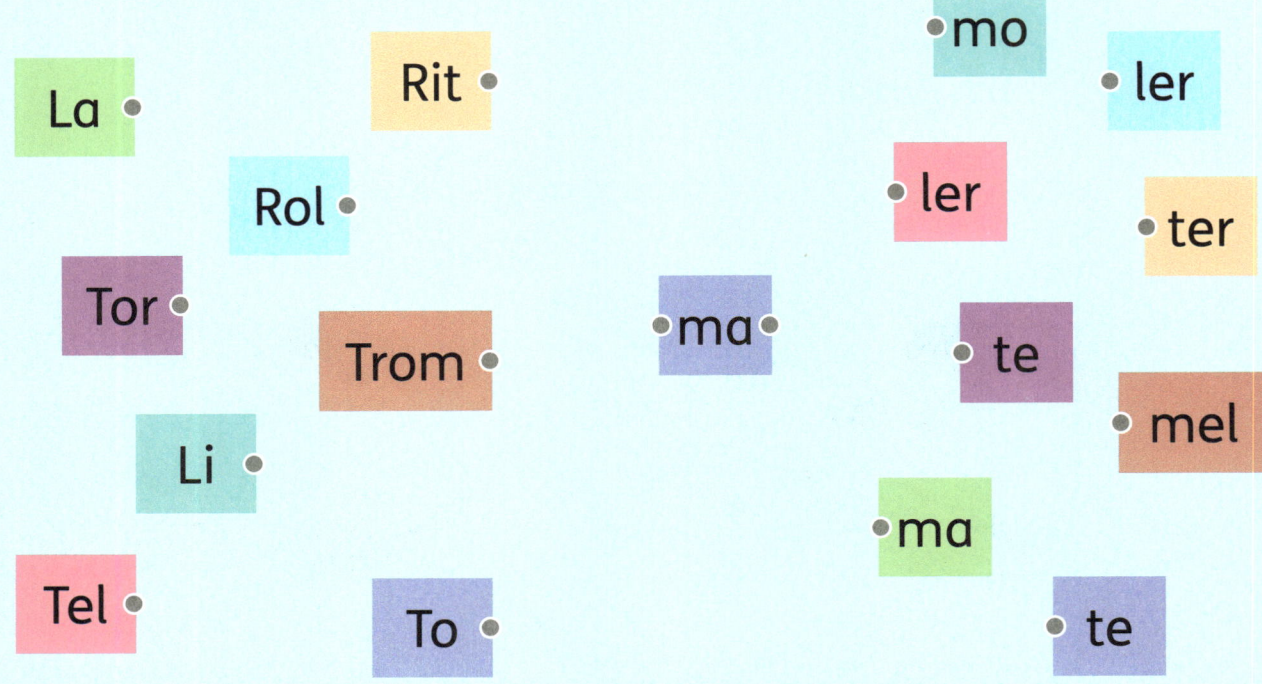

La •   Rit •   • mo   • ler

Rol •   • ler   • ter

Tor •   • ma   • te   • mel

Trom •   • ma

Li •   • te

Tel •   To •

2   Schreibe die Wörter und male die Silbenbögen.

Lama

3   Markiere die Könige (Vokale).

1 Wörter aus Silben zusammensetzen und schreiben
2 lauttreue Wörter silbisch sprechen und schreiben
3 Silbenkerne markieren

ÜBEN
Genau lesen

○ **1** 👓 ✏ Lies und verbinde.

Am •

Ro •

Ti •

○ **2** 👓 Lies laut.

La me Ti le Ma to Lo Mi Ta Li Mo ta

am im il at om em el ot it al ol il

Tor Lama Limo Roller Matte Alm

★ Timo ist mit Lotta am Tor. Timo mag Torte.

● **3** 👓 ✗ Was ist richtig? Lies und kreuze an.

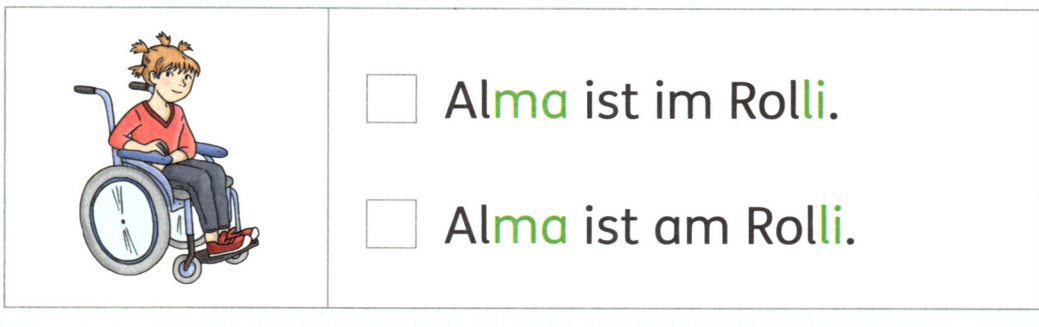

☐ Alma ist im Rolli.

☐ Alma ist am Rolli.

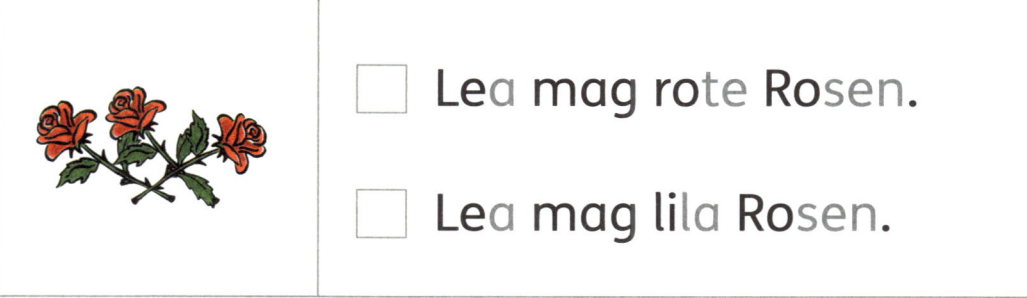

☐ Lea mag rote Rosen.

☐ Lea mag lila Rosen.

1 passende Silben mit Bild verbinden
2 Silben, Wörter und Sätze mehrmals laut lesen
  und ganzheitlich erfassen

3 passende Sätze zum Bild ankreuzen

53

Das kann ich

1 👓 ✏️ Lies und verbinde.

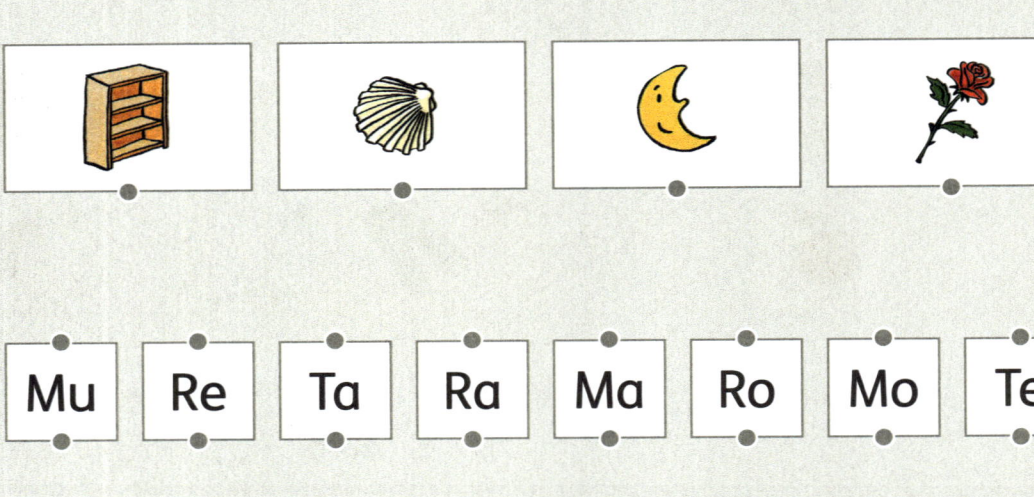

| Mu | Re | Ta | Ra | Ma | Ro | Mo | Te |

2 👓 ✏️ Lies und verbinde.

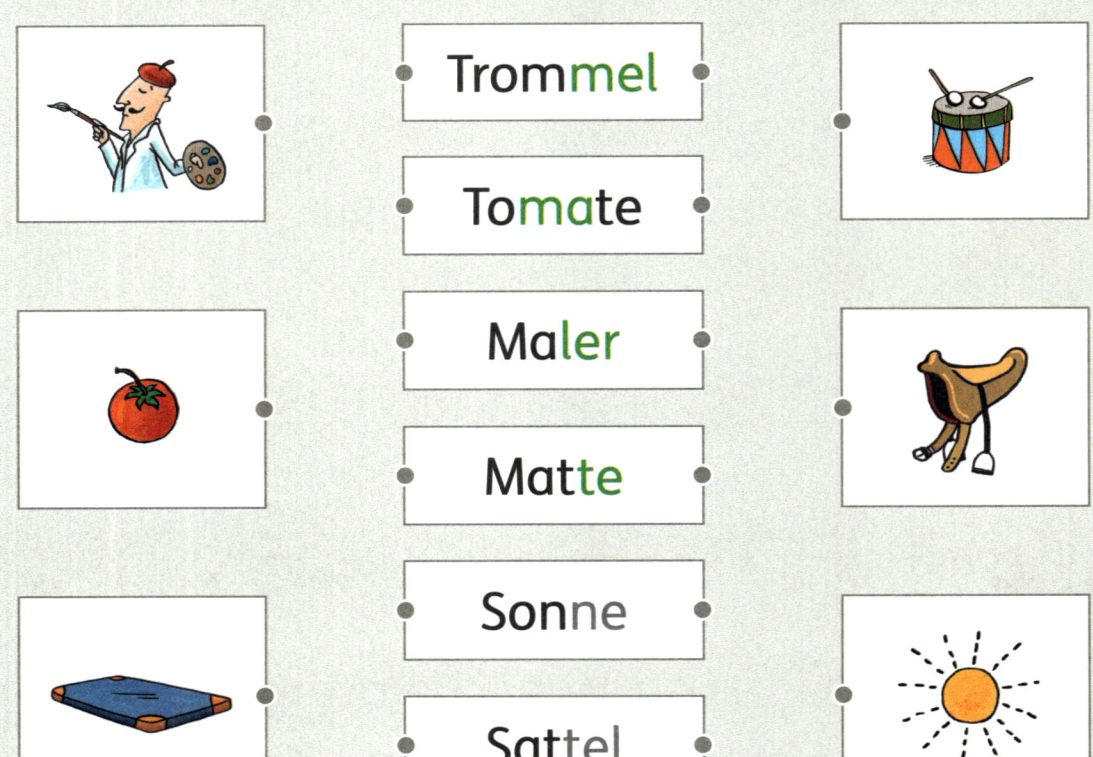

Trommel

Tomate

Maler

Matte

Sonne

Sattel

1 Wörter aus Silben zusammensetzen
2 Wörter mit passendem Bild verbinden

Das kann ich

3  Was ist richtig? Lies und kreuze an.

☐ Maro ist am Tor.

☐ Mama ist am Tor.

☐ Maro ist im Tor.

☐ Piri hat Susi im Arm.

☐ Piri ist Susi.

☐ Piri hat Susi am Arm.

4 Schwinge und schreibe. Markiere die Könige (Vokale).

○ **1** 👄 Beschreibe das Bild.

○ **2** ✏️ 📝 Wo und wie lernst du? Male oder schreibe.

1 zum Bild erzählen
2 zum Bild malen oder schreiben

○ **1** ✐ Schreibe.

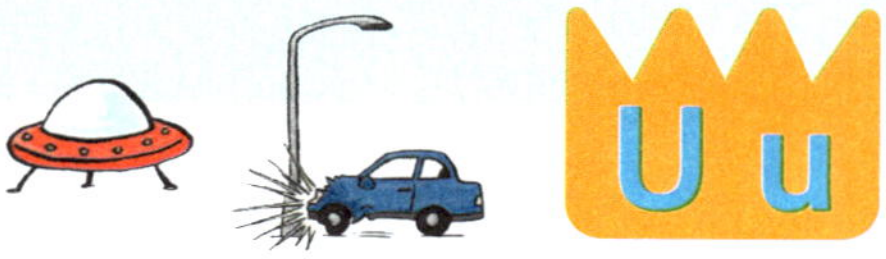

U U U U
   U U
U   U

u u u
   u   u

U

u

U u

um

Uli

Murmel

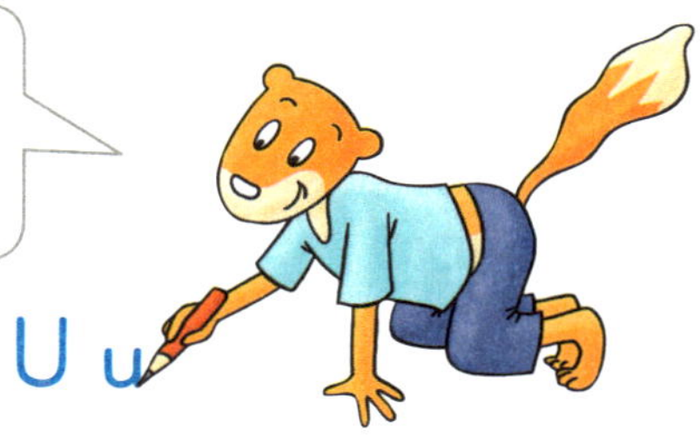

Das kleine **u** wohnt nur in der Wohnung.

U u

2 Kreise (U) und (u) ein. Zähle und schreibe.

> U l u m N i L l U n m u i n u m U M I L
>
> Ti**bur** mur**melt** mun**ter** mit bun**ten** Mur**meln** am U**fer**.

U	u

3 Hörst du U, u im Wort? Kreuze an.

☐ ☐ ☐ ☐

4 In welcher Silbe klingt U, u? Höre und schreibe U, u.

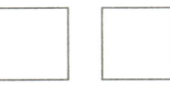

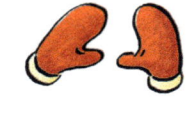

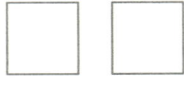

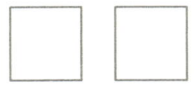

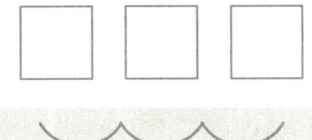

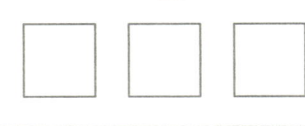

2 Buchstaben erkennen (optische Diskriminierung)
3 Laute erkennen (akustische Diskriminierung)
4 Laute Silben zuordnen (akustische Diskriminierung)

5  Schwinge und schreibe. Markiere die Könige (Vokale).

6 Wie klingt U, u?
Verbinde und schreibe.

Ist in jeder Silbe ein König (Vokal)?

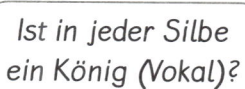

U**fo**: Hut,

Un**fall**: Puppe,

U u

7 Lies und verbinde.

Murmel mag Lurmel.

Murmel umarmt Lurmel.

Lurmel ist mit Murmel im Tal.

Lurmel und Murmel sind auf dem Weg zum See.

Dort wartet schon Mutter Mammut.

Sie freut sich auf Lurmel und Murmel.

8 Wie heißt das Wort? Verbinde und schreibe.

Mut	mel
Mam	ter
Lur	mut

7 Text sinnerfassend lesen und passende Sätze/Absätze mit Bild verbinden
8 Wörter aus Silben zusammensetzen und schreiben

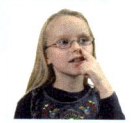

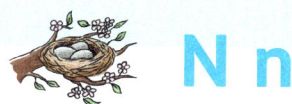

1 Schreibe.

N N N N N | n n n n n

N N

n n

N n N n

in

nun

Name

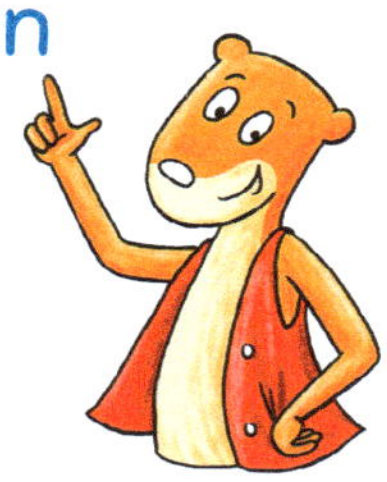
N n
N und n haben
zwei Beine.

1 Buchstaben und Wörter nachspuren und schreiben

N n

2 🖊 Kreise (N) und (n) ein. Zähle und schreibe.

N M V W M W N V M m n u m r n m u n r m

Nummer   man   Ananas   und   Nuss

N	n

3 👂 ✗ Hörst du N, n im Wort? Kreuze an.

☐   ☐   ☐   ☐

4 👂 ✍ In welcher Silbe klingt N, n? Höre und schreibe N, n.

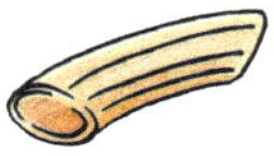

☐ ☐   ☐ ☐   ☐ ☐ ☐

☐ ☐   ☐ ☐   ☐ ☐

⭐ ☐ ☐   ⭐ ☐ ☐ ☐   ⭐ ☐ ☐ ☐

2 Buchstaben erkennen (optische Diskriminierung)
3 Laute erkennen (akustische Diskriminierung)
4 Laute Silben zuordnen (akustische Diskriminierung)

5  Schwinge und schreibe. Markiere die Könige (Vokale).

6 Wie heißt das Wort? Verbinde und schreibe.

Man	te
No	ne
Tan	tel

7 Schreibe zum Bild.

5 Wörter schwingen, mit der Schreibtabelle schreiben
und Silbenkerne markieren
6 Wörter aus Silben zusammensetzen und schreiben

7 mit der Schreibtabelle schreiben (freies Schreiben)

63

8 Wie heißen die Kinder im Bild? Lies und schreibe.

Mammut

Rate mal!

mut

En

te

Mam

Ente!

Alle lernen.

Elena und Nilo raten.

Lennart und Nuni lernen im Internet.

Nuni murmelt: Mammut.

Nuni sucht im Internet.

Sie findet Bilder vom Mammut.

8 Text sinnerfassend lesen und passende Wörter zum Bild schreiben;
Medienkompetenz anbahnen (im Internet recherchieren) MK

○ **1** 🖊 Schreibe.

S ¹←   S   S
      S
   S   S

s ¹←   s   s
      s
   s   s

S   S

s   s

S s   S s

ist

satt

Sonne

S wie in ☀
s wie in 👃

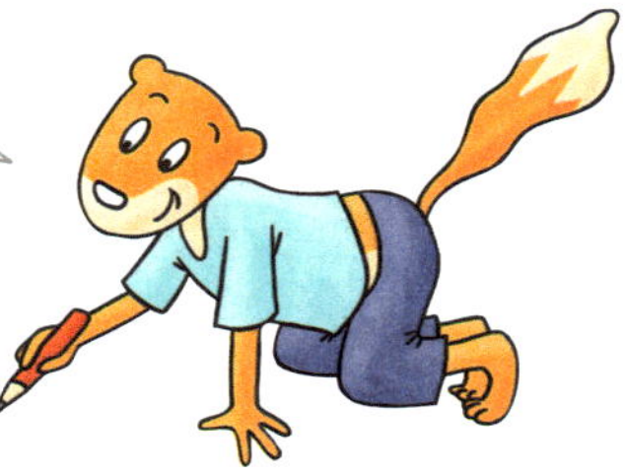

S s

S s

2 🖊🖊 Kreise Ⓢ und ⓢ ein. Zähle und schreibe.

> Rosinen Sellerie Ananas Salat Nuss ist
>
> Esel Rosi soll Samstag Salat fressen.

3 👂 ✗🖊 Hörst du S, s im Wort? Kreuze an.

☐ ☐ ☐ ☐

4 👂 ✏ In welcher Silbe klingt S, s? Höre und schreibe S, s.

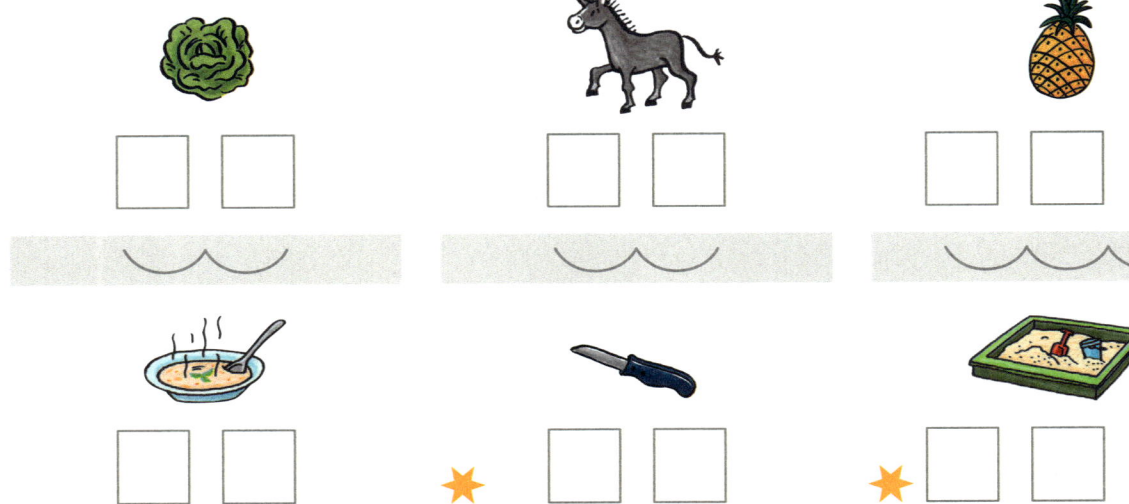

5 〰 ✏ 👑🖊 Schwinge und schreibe. Markiere die Könige (Vokale).

2 Buchstaben erkennen (optische Diskriminierung)
3 Laute erkennen (akustische Diskriminierung)
4 Laute Silben zuordnen (akustische Diskriminierung)

5 Wörter schwingen, mit der Schreibtabelle
schreiben und Silbenkerne markieren

○ **6** 👓 ✏️ Lies und verbinde.

Sop •

Sup • •

Sap •

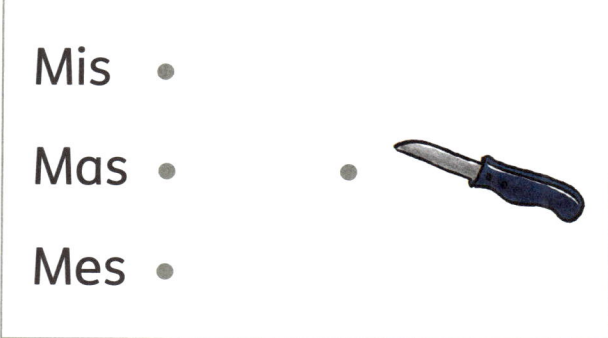

Mis •

Mas • •

Mes •

⊖ **7** 👓 ✗✏️ Was ist richtig? Lies und kreuze an.

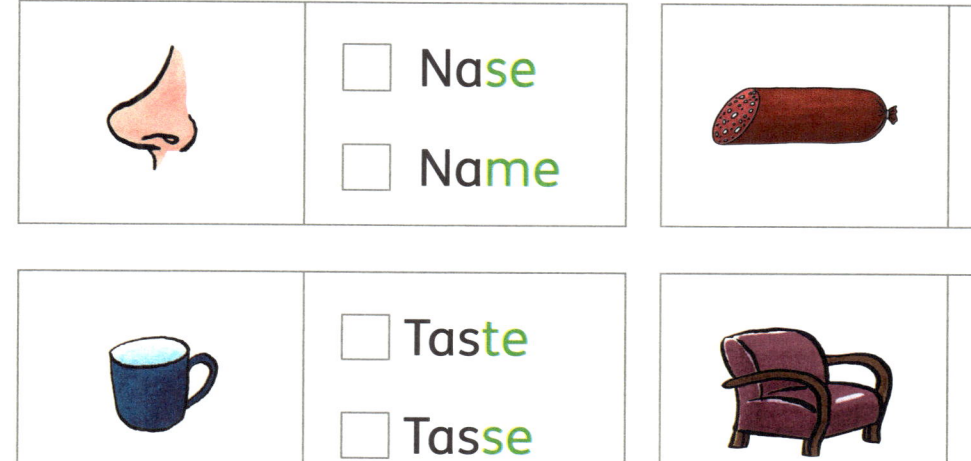

☐ Nase
☐ Name

☐ Salat
☐ Salami

☐ Taste
☐ Tasse

☐ Sessel
☐ Messer

⊖ **8** 👓 ✏️ Lies und schreibe.

Tante Lisa nimmt Salami und Rosinen.
Samuel nimmt rote Tomaten.

Was ist im Einkaufswagen?

6 Silben mit passendem Bild verbinden
7 Wörter zum passenden Bild ankreuzen
8 Text sinnerfassend lesen und mit der Schreibtabelle schreiben

67

○ **1** ✏ Schreibe.

Ei | ei

Eis

ein

Eier

Ei ei

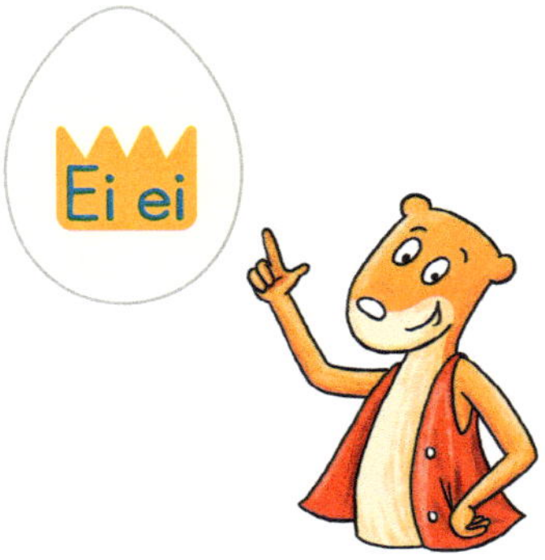

1 Buchstaben und Wörter nachspuren und schreiben

68

2 ✐ Kreise (Ei) und (ei) ein. Zähle und schreibe.

Sal**bei** Eis drei **al**l**ei**n Reis **Ei**r**e**s**a**l**a**t fein

Eine kl**ei**ne Am**ei**se r**ei**t**e**t auf **ei**nem **Ei**mer.

Ei	ei

3 👂 ✐ Hörst du Ei, ei im Wort? Kreuze an.

☐ ☐ ☐ ☐

4 👂 ✐ In welcher Silbe klingt Ei, ei? Höre und schreibe Ei, ei.

☐☐ ☐☐ ☐☐☐

☐☐☐ ☐☐ ☐☐☐

⭐  ☐☐☐☐

⭐   ☐☐☐☐

2 Buchstaben erkennen (optische Diskriminierung)
3 Laute erkennen (akustische Diskriminierung)
4 Laute Silben zuordnen (akustische Diskriminierung)

69

5 Schwinge und schreibe. Markiere die Könige (Vokale).

6 Wie heißt das Wort? Verbinde und schreibe.

Sei	ter
Ei	fe
Lei	mer

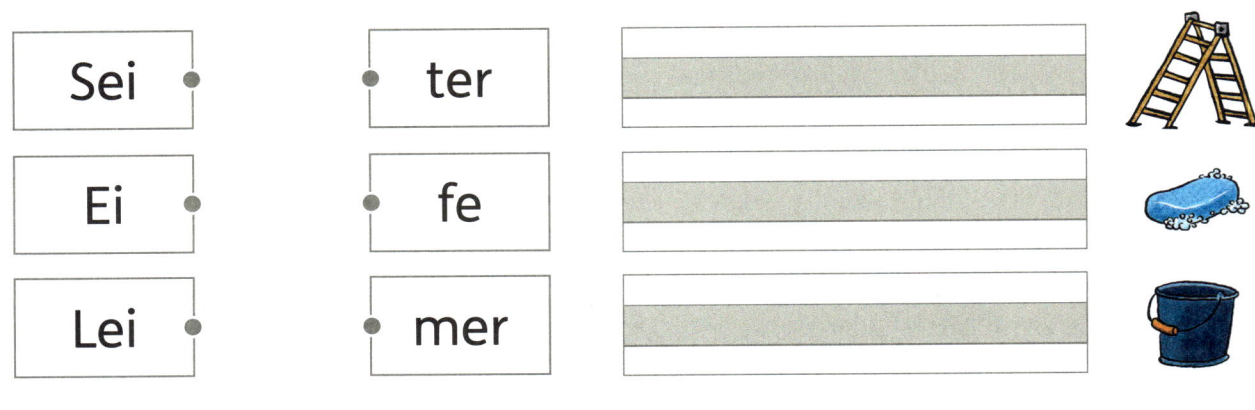

7 Lies und verbinde.

Eis		Kleid
Seil		Reifen
Eimer		Schwein
Leiter		Dreirad
Reiter		Hufeisen

5 Wörter schwingen, mit der Schreibtabelle schreiben und
Silbenkerne markieren
6 Wörter aus Silben zusammensetzen und schreiben

7 passende Wörter mit Bild verbinden

8 ⌐⌐ ✍ Lies und male.

Drei bunte Eier im Nest ★ Ein Papagei im Reifen

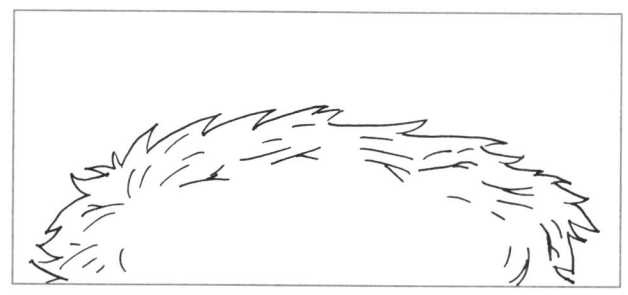 

9 ⌐⌐ ✍ Lies. Kreise (Ei) und (ei) ein.

Tante Lisa, Samuel und Sina kochen gemeinsam.
Samuel nimmt ein Messer.
Sina soll Reis in einer Tasse messen.
Sina sagt: Oh, nein! Unser Reis ist leer!

Tante Lisa meint: Dann kaufen wir Reis ein.
Und Eis mit Ananas!

Samuel lacht:
Eis und Reis.
Das reimt sich ja!

10 ✍ Schreibe Wörter mit Ei, ei auf.

8 Text sinnerfassend lesen und Bild passend ergänzen   10 Wörter mit Ei, ei aufschreiben
9 Text lesen und Ei, ei einkreisen

71

○ **1** 🖊 Schreibe.

H   H   H
     H   H

h   h   h
     h   h

H   H

h   h

H h   H h

Hut

holen

sehen

H wie in 👖
h wie in 👙

H h

1 Buchstaben und Wörter nachspuren und schreiben

2 🖊️ 🖊️ Kreise Ⓗ und ⓗ ein. Zähle und schreibe.

H h u K L H M l h H l h L k h k H K u

Hase   Reh   Nashorn   Uhu   Hamster

Hund Hasso hat einen Hut.

H	h

3 🗣️ ✖️🖊️ Hörst du H, h im Wort? Kreuze an.

☐   ☐   ☐   ☐

4 🗣️ 🖊️ In welcher Silbe klingt H, h? Höre und schreibe H, h.

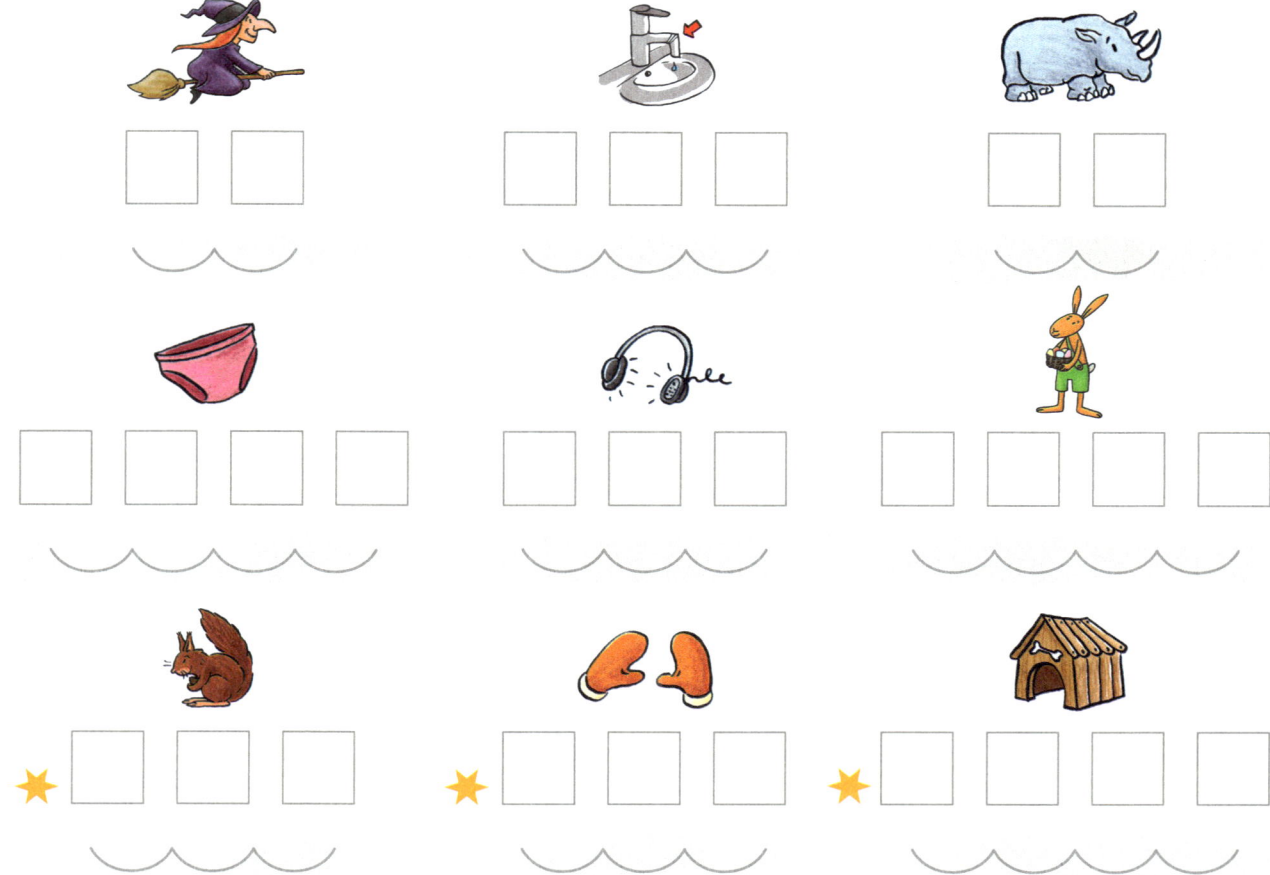

2 Buchstaben erkennen (optische Diskriminierung)
3 Laute erkennen (akustische Diskriminierung)
4 Laute Silben zuordnen (akustische Diskriminierung)

73

5 ⌣ ✏️ 👑 Schwinge und schreibe. Markiere die Könige (Vokale).

6 ✏️ Verbinde und schreibe.

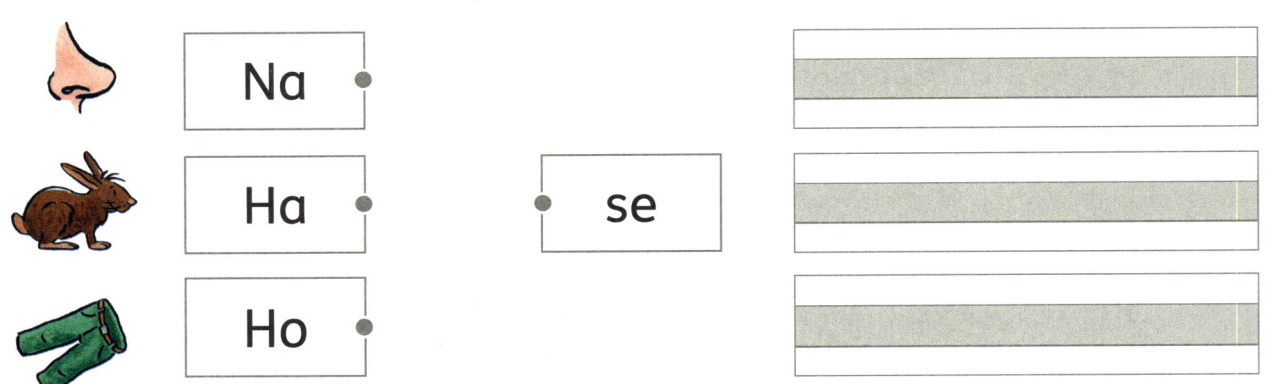

Na		
Ha	se	
Ho		

7 👓 ✗ Was ist richtig? Lies, kreuze an und schreibe.

☐ Hammel

☐ Hummel

☐ Einhorn

☐ Nashorn

5 Wörter schwingen, mit der Schreibtabelle schreiben und
Silbenkerne markieren
6 Wörter aus Silben zusammensetzen und schreiben

7 passende Wörter zum Bild ankreuzen und schreiben

8 Lies. Kreise Wörter mit H, h ein.

Halt mal!

(Hanna) und Maro sehen Uhus und Rehe an.
Helena malt ein Nashorn.
Alma holt einen Atlas.

Lotta kuschelt mit dem Hasen.
Sie mag nicht lesen, schreiben und malen.

Lotta ist heute traurig.
Die Lehrerin redet mit Lotta.

9 Finde im Text Tiere mit H, h. Kennst du noch andere Tiere? Schreibe.

○ **1** ✎ Schreibe.

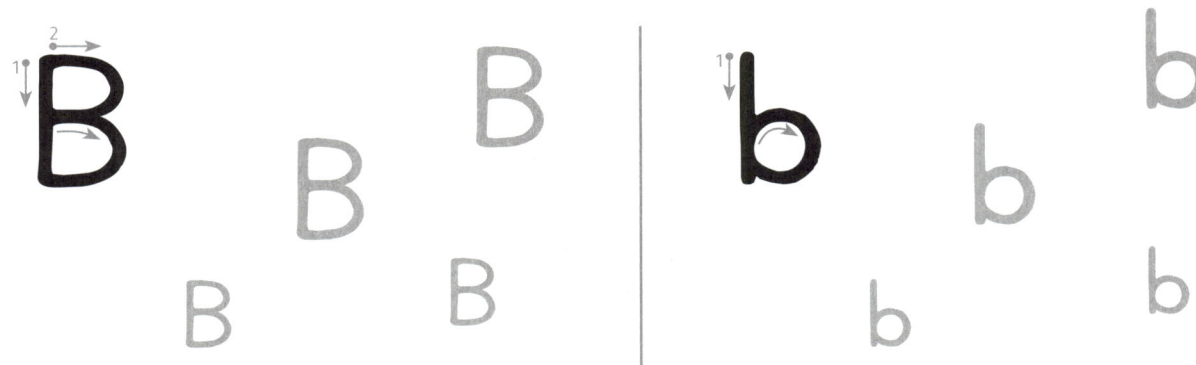

B   B

b   b

B b   B b

Bus

bei

oben

B b

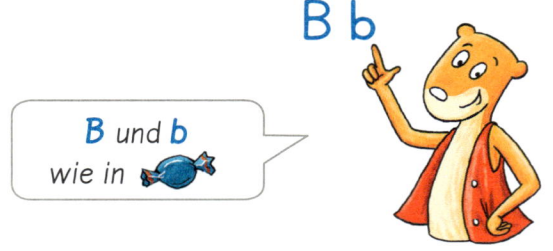

B und b wie in 🍬

1 Buchstaben und Wörter nachspuren und schreiben

2 ✐✐ Kreise (B) und (b) ein. Zähle und schreibe.

B P D O D B G P O B p b d o a b d b a

Biber Berta bibbert am Abend bei Nebel
im blubbernden Bach.

B	b

3 👂✗✐ Hörst du B, b im Wort? Kreuze an.

☐ ☐ ☐ ☐

4 👂✐ In welcher Silbe klingt B, b? Höre und schreibe B, b.

2 Buchstaben erkennen (optische Diskriminierung)
3 Laute erkennen (akustische Diskriminierung)
4 Laute Silben zuordnen (akustische Diskriminierung)

77

B b

5 Schwinge und schreibe. Markiere die Könige (Vokale).

6 Lies und verbinde.

Ro •	• be
Ra •	• se

Bir •	• ne
Bro •	• te

Brem •	• me
Blu •	• se

7 Was magst du? Lies und schreibe.

Piri mag Birnen und Bananen,
aber auch Ananas und Kiwis.

Was magst du?

5 Wörter schwingen, mit der Schreibtabelle schreiben
und Silbenkerne markieren
6 Wörter aus Silben zusammensetzen

7 Sätze sinnerfassend lesen, mit der Schreibtabelle
schreiben

  **-ch**

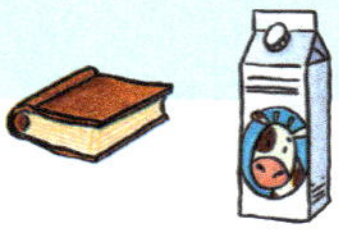

○ **1** 🖊 Schreibe.

Ch Ch
Ch
Ch Ch

ch ch
ch
ch ch

Ch   Ch

ch   ch

Ch ch   Ch ch

China

Buch

nicht

ch wie in
ich und in **ach**!

Ch ch

2 ✐ ✐ Kreise (ch) ein. Zähle und schreibe.

> Teich   Buch   einfach   ich   Licht   rechnen
>
> Drachen machen freche Sachen
> und lachen in der Nacht.

3 👂 ✐ Hörst du ch im Wort? Kreuze an.

☐   ☐   ☐   ☐

4 👂 ✐ In welcher Silbe klingt ch? Höre und schreibe ch.

☐ ☐   ☐ ☐   ☐ ☐

☐ ☐   ☐ ☐   ☐ ☐

⭐ ☐ ☐ ☐   ⭐ ☐ ☐ ☐

2 Buchstaben erkennen (optische Diskriminierung)
3 Laute erkennen (akustische Diskriminierung)
4 Laute Silben zuordnen (akustische Diskriminierung)

5  Schwinge und schreibe. Markiere die Könige (Vokale).

★

6 Welches Wort passt? Lies und schreibe.

Buch	Bach	Locher	Koch	lacht

Alma sucht ein _____.

Tina ist im _____.

Maro sucht einen _____.

Otto ist ein toller _____.

Piri freut sich und _____.

5 Wörter schwingen, mit der Schreibtabelle schreiben und
  Silbenkerne markieren
6 passende Wörter in Sätze einsetzen

81

-ch

7 Lies laut. Wo klingt (ch) wie in ich? Wo klingt (ch) wie in Buch? Kreise ein.

Im Unterricht machen alle ein Ich-Buch.
Rachel malt einen Teich mit Enten.
Otto rechnet in seinem Ich-Buch.

Tina locht das Ich-Buch. Nun ist es fertig.

Am Mittwoch dürfen alle ihr Ich-Buch vorstellen.

8 Was kommt in dein Ich-Buch? Male und schreibe.

7 Text laut lesen, ähnlich klingende Laute unterscheiden (akustische Diskriminierung)

8 zum Text malen und mit der Schreibtabelle schreiben (freies Schreiben)

○ **1** ✎ Schreibe.

F   F   F   F
   F   F

f   f   f   f
   f   f

F   F

f   f

F f   F f

fein

Ufo

Feder

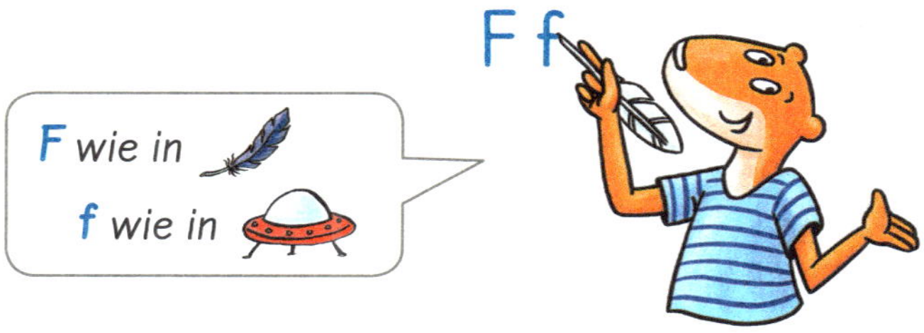

F wie in 🪶
f wie in 🛸

F f

2  Kreise (F) und (f) ein. Zähle und schreibe.

> F H T E F T F I L F f t j t f t f l t j
>
> Fünf Affen hüpfen hinter elf Elefanten her.

F	f

3  Hörst du F, f im Wort? Kreuze an.

☐ ☐ ☐ ☐

4  In welcher Silbe klingt F, f? Höre und schreibe F, f.

5  Schwinge und schreibe. Markiere die Könige (Vokale).

2 Buchstaben erkennen (optische Diskriminierung)
3 Laute erkennen (akustische Diskriminierung)
4 Laute Silben zuordnen (akustische Diskriminierung

5 Wörter schwingen, mit der Schreibtabelle schreiben
und Silbenkerne markieren

6 👓 ✎ Was ist richtig? Lies und kreuze an.

| | ☐ Elfe |
| | ☐ Elefant |

| | ☐ Teller |
| | ☐ Telefon |

7 👓 ✎ 📝 Lies, verbinde und schreibe.

| Der kleine Elefant | • | • | schauen und lachen. |

| Die Affen | • | • | fressen am Baum. |

| Die Giraffen | • | • | hat eine Feder. |

Der Maulwurf

6 passende Wörter zum Bild ankreuzen
7 Sätze passend zum Bild verbinden, mit der Schreibtabelle schreiben (freies Schreiben)

85

Fabians Fotos

1 Lies und verbinde.

Fanni und ich lachen im Bett.

Ich mache oft Fotos.

Ich habe einen Film über Ufos gesehen.

Meine Familie feiert oft.
Das ist bei Fannis Taufe.

Ich mache ein Foto. Bitte lachen!

2 Hast du auch Fotos? Erzähle.

1 Sätze sinnerfassend lesen (Beschreibungen von Fotos), passende Sätze mit Bild verbinden

2 Medienkompetenz anbahnen (fotografieren/über Fotos sprechen) MK

Eine Reise

1  Lies.

Sofina, Fiona und Bruno
reisen mit einem Boot.
Bruno ruft: O, nein! Im Boot ist ein Loch!
Sofina und Bruno fallen sofort ins Meer.
Es ist nass.
Fiona ruft: Eine Insel ist in Sicht!
Fiona rettet Sofina und Bruno ans Ufer.
Aber Ali Baba ist fort.
Und nun?

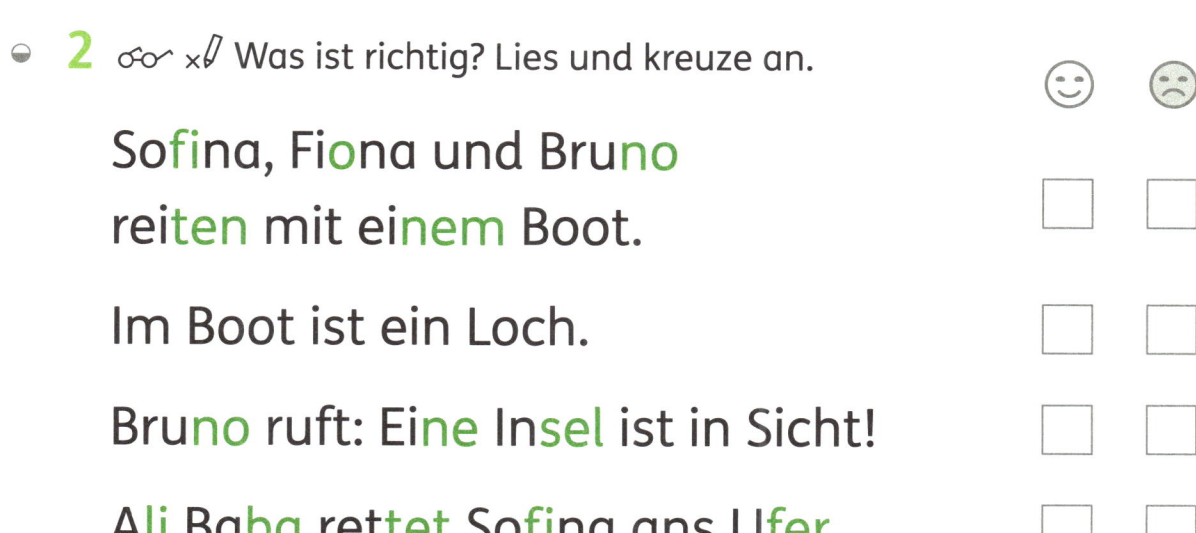

2 Was ist richtig? Lies und kreuze an.   ☺ ☹

Sofina, Fiona und Bruno
reiten mit einem Boot.   ☐ ☐

Im Boot ist ein Loch.   ☐ ☐

Bruno ruft: Eine Insel ist in Sicht!   ☐ ☐

Ali Baba rettet Sofina ans Ufer.   ☐ ☐

3 Wie geht die Geschichte weiter?
Erzähle, male oder schreibe.

Lesezeit

○ **1** 👓 Lies.

Maria und Lotta haben ein Buch mit Monstern.
Anna und Fanni haben ein Buch mit Ballerinas.

Martin und Bruno sammeln tolle Berufe.
Tristan und Merle lesen einen Krimi.

Toni mag das Buch mit Märchen,
er hört besonders gern Rotkäppchen.

○ **2** 👓 ✏ Lies und schreibe.

Lotta hat ein _____ .

Anna hat ein _____ .

Bruno sammelt _____ .

Toni mag _____ .

○ **3** 👄 Welches Buch gefällt dir? Erzähle.

1 Text sinnerfassend lesen
2 passende Wörter in Sätze einsetzen

3 Medienkompetenz anbahnen
(Lieblingsbücher vorstellen, Kinderbücher,
Bilderbücher, Hörbücher, … vergleichen) MK

Maros Ich-Buch

○ **1** 👁 👓 ✏ Wie macht Maro sein Ich-Buch?

Lies und schreibe $\boxed{1}$ $\boxed{2}$ $\boxed{3}$ $\boxed{4}$ $\boxed{5}$.

Ich binde.

Ich suche.

Ich loche.

Ich male.

Mein Buch.

Mein Ich-Buch.

Ich

Meine Freunde

Lamas

Piri

1 Sätze sinnerfassend lesen (Gebrauchstexte, Anleitung: Bücher gestalten) und passendem Bild zuordnen

89

ich

fein

ar**bei**ten

Buch

al**le**

Decke die Wörter ab oder klappe sie nach hinten.

😐 🙂

🔺 S. 2/3

ÜBEN
Wörter schreiben

○ **1**  Schreibe Piris Wörter. Markiere die Könige (Vokale).

◌ **2** 🖊️ Wie heißt das Wort? Verbinde und schreibe. Markiere die Könige (Vokale).

Fo •	• te	
En •	• se	
Af •	• to	
Ha •	• fa	
Di •	• fe	
So •	• no	

1 Lernwörter schreiben und Silbenkerne markieren
2 Wörter aus Silben zusammensetzen, schreiben Wörd Silbenkerne markieren

ÜBEN
Wörter schreiben

1 ✏️ 👑 Schreibe Piris Wörter. Markiere die Könige (Vokale).

Eis

rech**nen**

bunt

a**ber**

nicht

2 ✏️ 👑 Was gehört zusammen?
Schreibe und markiere die Könige (Vokale).

Fens	Bir	Son	Ne
ne	ne	bel	ter

3 〰️ ✍️ 👑 Schwinge und schreibe.
Markiere die Könige (Vokale).

  Seife

 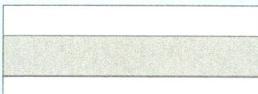    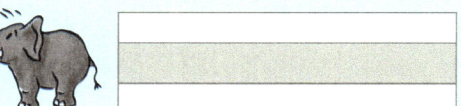

😑 🙂

🧱 S. 4/5

1 Lernwörter schreiben und Silbenkerne markieren
2 Wörter aus Silben zusammensetzen, schreiben und Silbenkerne markieren
3 lauttreue Wörter silbisch sprechen und schreiben, Silbenkerne markieren

1 🖊 Schreibe ein oder eine.

ein

2 👓 🖊 Lies und verbinde. Welche Wörter passen?

eine •	• Hase
	• Hose

ein •	• Eis
	• Meise

ein •	• Oma
	• Sofa

eine •	• Mutter
	• Brot

1 Artikel (ein, eine) richtig einsetzen
2 Artikel richtig zuordnen

ÜBEN
Endungen -er, -en

○ **1** 👓 ✏️ Lies laut. Kreise (ber) und (fen) ein.

ber	ben	len	fen	ten	ter	ber
nen	fen	ten	ber	ser	fen	ten
ber	mer	fer	ben	fen	ser	ner

ber   fen

● **2** ✏️ Wie heißt das Wort? Verbinde und schreibe.

Lei •

Rei •   • ter

Rit •

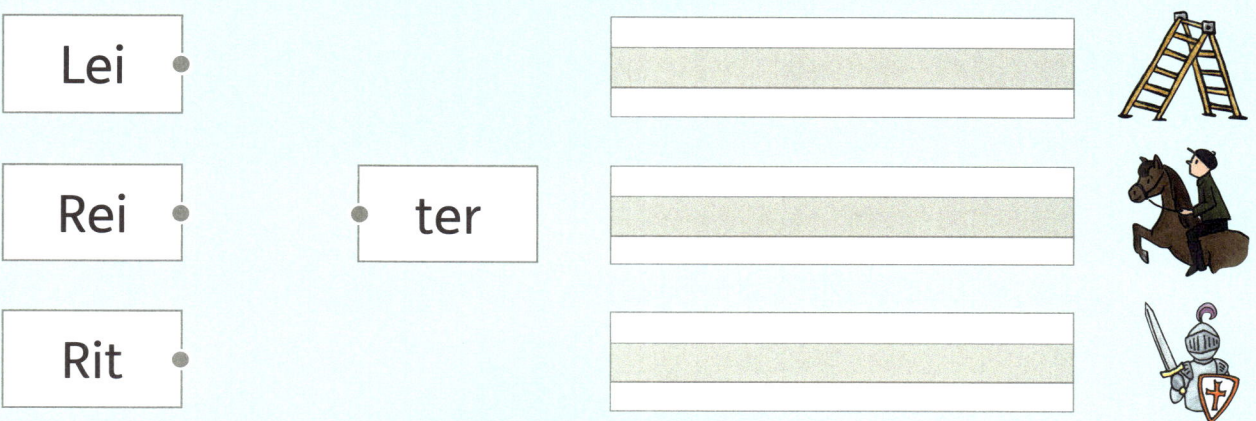

● **3** ✏️ Wie heißt das Wort? Verbinde und schreibe.

rech •   • sen

le •   • ten

ma •   • nen

rei •   • len

Das kann ich

1 🗣 ✏️ Welche Könige (Vokale) hörst du? Schreibe.

K[ ]ff[ ]r   N[ ]d[ ]l

Schw[ ]n   W[ ]lk[ ]

😐 🙂

2 ✏️ Wie heißt das Wort? Verbinde und schreibe.

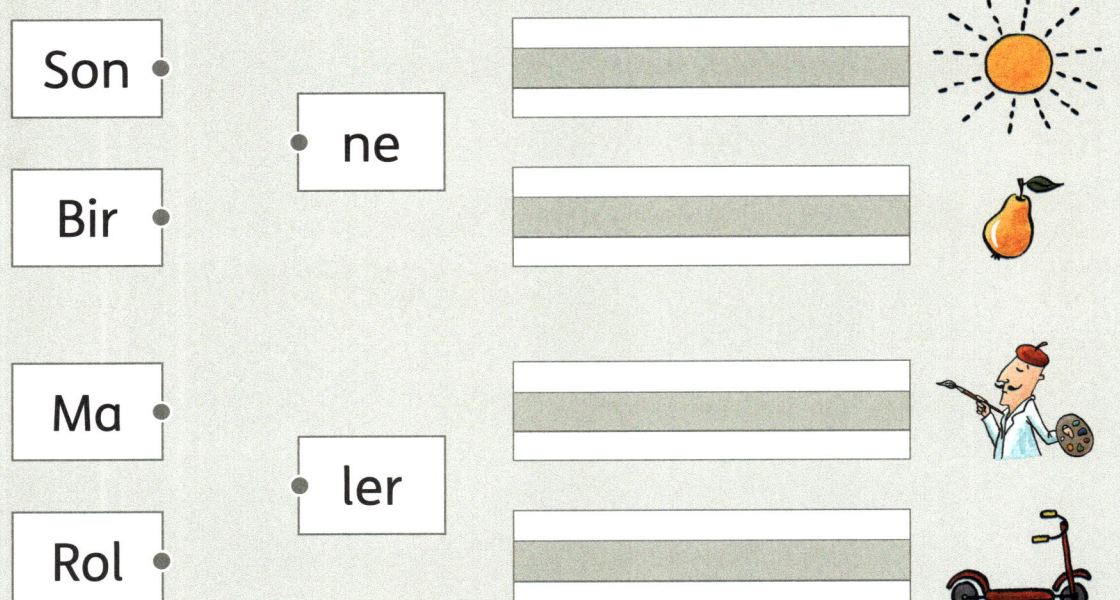

Son •   • ne

Bir •

Ma •   • ler

Rol •

😐 🙂

3 〰 ✏️ Schwinge und schreibe.

😐 🙂

1 Laute erkennen und schreiben
2 Wörter aus Silben zusammensetzen und schreiben
3 Wörter schwingen und mit der Schreibtabelle schreiben

Das kann ich

1 👓 ✏️ Lies laut. Kreise (ei) und (ch) ein.

Ma	Mei	Bu	heit	Ti	sei	nei	
lei	chen	er	ich	on	och	mei	
fei	ach	Ha	uch	te	Hi	ei	

ei	ch

2 👓 ✏️ Lies und verbinde.

No •
Ne •
Nu •

Bar •
Ber •
Bir •

3 👓 ✏️✏️ Lies, kreise ein und schreibe.

	Bruno malt ein Reh.	Ein
	Bruno malt einen Hund.	Blu
	Ferit holt ein Buch mit Ufos.	stab
	Ferit holt ein Buch mit Monstern.	horn

Lösungswort: _____

1 Silben genau lesen
2 passende Silben mit Bild verbinden
3 passende Sätze dem Bild zuordnen, Wort aus Silben zusammensetzen und aufschreiben

95

Bald ist Weihnachten!

Bastele einen Nikolaus.

Du brauchst:

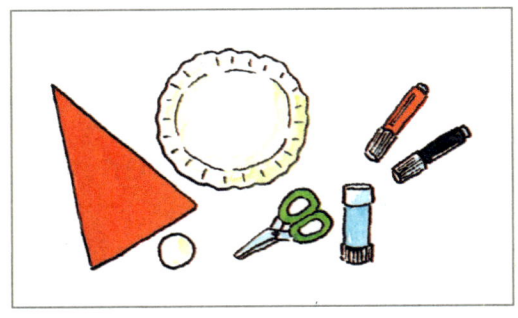

- 1 Pappteller
- rotes Tonpapier
  (großes spitzes Dreieck)
- etwas weißes Papier
- 1 roten und 1 schwarzen Filzstift
- Kleber
- Watte

So wird es gemacht:

Schneide den Teller in der Mitte durch.
Klebe ihn auf das Dreieck.

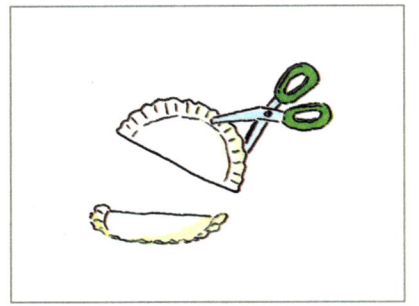  

Klebe die Watte auf die Spitze.
Bemale das Gesicht.
Geschafft!

Üben-Seiten zum Schreiben   Üben-Seiten zum Lesen   Üben-Seiten Piris Wörter

Fühlen und beschreiben

○ **1** 👄 Beschreibe das Bild.

○ **2** ✏️ 📝 Was spielst du gern draußen? Male oder schreibe.

1 zum Bild erzählen, sich an Gesprächen beteiligen, über Lernen sprechen
(Wortschatz zu einem Thema anwenden: gemeinsam etwas erkunden)
2 zum Bild malen oder schreiben

J j

○ **1** ✏ Schreibe.

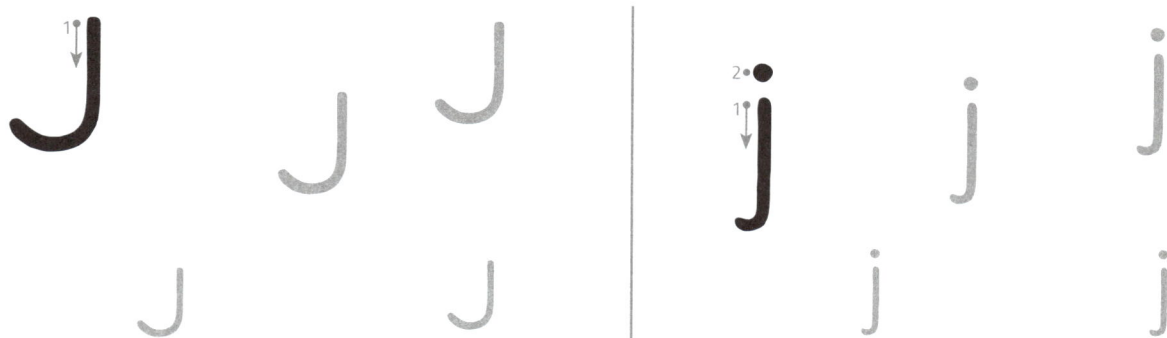

Jj   Jj

Juni

ja

Kajak

Jaguar

○ **2** ✏✏ Kreise ⬭J⬭ und ⬭j⬭ ein.
Zähle und schreibe.

J j

Das kleine **j** wohnt
auch im Keller.

J   j

J l j T i l J j L t j L J i j J F j f l

Maja und Jana werden im Juni
sieben Jahre alt.

J j

○ **3** 👂 ✗✏️ Hörst du J, j im Wort? Kreuze an.

☐   ☐   ☐   ☐

● **4** 👂 ✏️ In welcher Silbe klingt J, j? Höre und schreibe J, j.

● **5** 〰️ ✏️ 👑✏️ Schwinge und schreibe. Markiere die Könige (Vokale).

☐   ☐   ○

3 Laute erkennen (akustische Diskriminierung)
4 Laute Silben zuordnen (akustische Diskriminierung)

5 Wörter schwingen, mit der Schreibtabelle schreiben
und Silbenkerne markieren

6 👓 ✏️ Lies. Mache nach jedem Wort einen Strich.
Schreibe den Satz richtig auf.

JasminjubeltimKajak.

7 👓 ✏️ Lies und verbinde.

Jasmin ist im •	• Boje.
Das Kajak ist •	• Kajak.
Im Wasser ist eine •	• braun.

Maja ist 7 Jahre •	• Judo.
Sie geht gern zum •	• kaputt.
Oje, die Jacke ist •	• alt.

Jans Jo-Jo ist •	• Jo-Jo.
Jan jammert •	• fort.
Maja findet das •	• laut.

-ng

○ **1** ✏ Schreibe.

ng   ng

Ring

jung

Anfang

singen

lange Schlangen

○ **2** ✏✏ Kreise (ng) ein. Zähle und schreibe.

Drei hungrige Jungen fangen
mit der Angel flinke lange Ringelfische.

ng

1 Buchstabenverbindung und Wörter schreiben
2 Buchstaben erkennen (optische Diskriminierung)

3 👂 ✗✏️ Hörst du ng im Wort? Kreuze an.

☐ ☐ ☐ ☐

4 ✏️ Was reimt sich? Verbinde.

| Schlange | Junge | Ringer | singen |

5 〰️ ✏️ 👑 Schwinge und schreibe. Markiere die Könige (Vokale).

3 Laute erkennen (akustische Diskriminierung)
4 Reimwörter erkennen, passende Wörter mit Bild
  verbinden

5 Wörter schwingen, mit der Schreibtabelle schreiben
  und Silbenkerne markieren

7

-ng

6 ✎ ✗ Was ist richtig? Lies und kreuze an.

Jule malt 💍

☐ einen Finger.   ☐ einen Ring.   ☐ ein Ding.

Der Fischer fischt mit 🎣

☐ der Ampel.   ☐ der Amsel.   ☐ der Angel.

7 ✎ ✏ Lies und male.

Alma beobachtet
Schmetterlinge.

Henning hat
Angst vor
langen Schlangen.

8 ✎ ✏ Lies. Mache nach jedem Wort einen Strich.
Schreibe den Satz richtig auf.

DieJungenschwingenaneinemlangenSeil.

6 Sätze als Sinneinheit erfassen, passende Satzteile
zum Bild ankreuzen

7 Sätze sinnerfassend lesen und dazu malen
8 Wortgrenzen markieren und Sätze richtig aufschreiben

9 Lies.

Die Schlange

Ingas Gruppe macht ein Plakat über Schlangen.
Inga schneidet das Bild einer Ringelnatter aus.
Das ist eine Würgeschlange.
Maro sucht im Internet Bilder von Giftschlangen.
5 Er findet die Klapperschlange.

Lotta hat eine Kreuzotter gezeichnet.
Maro findet ihre Zeichnung toll.
Die Kreuzotter ist auch eine Giftschlange.
Sie lebt sogar hier in Deutschland.

10 Die Kreuzotter hat ein dunkles Zickzack-Muster.
Sie wird etwa 60 Zentimeter lang.

10 Schreibe.

Die Ringelnatter ist eine _____ .

Die Klapperschlange ist eine _____ .

Die Kreuzotter lebt auch in _____ .

11 Mache selbst ein Plakat über Schlangen.

Sp sp

○ **1** ✎ Schreibe.

Sp Sp

sp sp

Spinne

Gespenst

spielen

Sport macht Spaß!

○ **2** ✎ ✎ Kreise (Sp) und (sp) ein.
Zähle und schreibe.

> Du hörst **schp**.
> Du schreibst **Sp** oder **sp**.

Ein sportlicher Spanier sprintet spielend
im Schneckentempo durch die Sporthalle.

Sp	sp

1 Buchstabenverbindung, Wörter und Satz schreiben
2 Buchstaben erkennen (optische Diskriminierung)

3 ✍️ Hörst du Sp, sp im Wort? Kreuze an.

☐ ☐ ☐ ☐

4 ✍️ Wie heißt das Wort? Verbinde und schreibe.

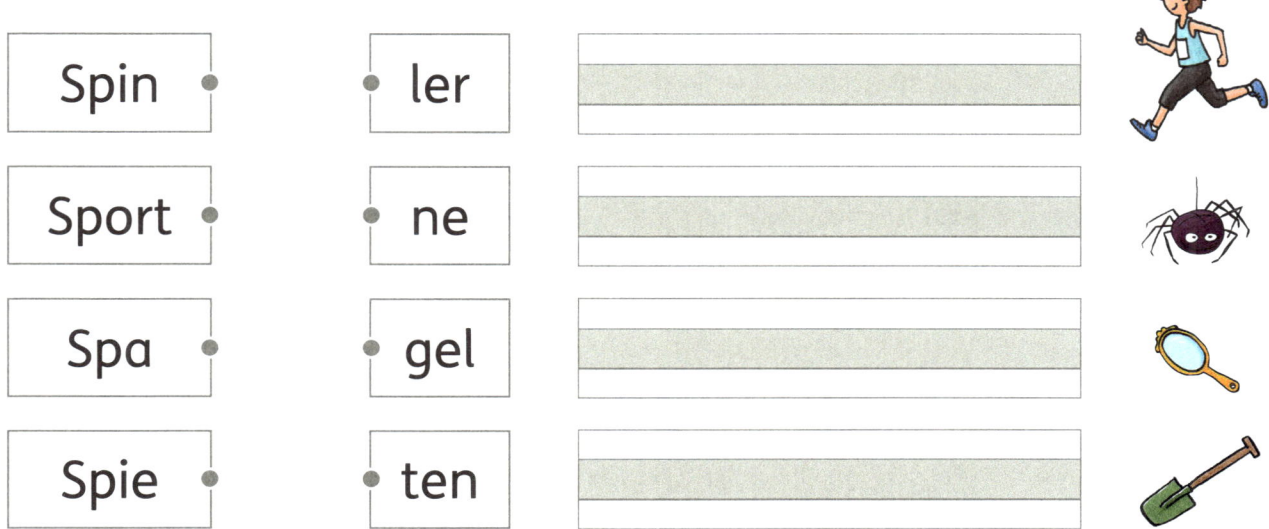

Spin	•	•	ler
Sport	•	•	ne
Spa	•	•	gel
Spie	•	•	ten

5 🖊️ 👑 Schwinge und schreibe. Markiere die Könige (Vokale).

☐ ○ ○

⭐ ☐ ⭐ ☐

6 ☞ ✏ Lies und verbinde.

Benjamin spart •	• ein spannendes Buch.
Das Gespenst heult •	• in die Sprunggrube.
Ich springe weit •	• für neue Sportschuhe.
Wir lesen •	• nachts jämmerlich.

7 ☞ ✏ Lies. Schreibe die Reimwörter auf.

springen

br

s

Pudel

Spr

N

Zange

Sp

St

Spiel

Z

v

6 Sätze als Sinneinheit erfassen und passend verbinden
7 Reimwörter aufschreiben

8 👓 ✏ Welche Sportart ist es? Lies und schreibe.

Sportarten raten

1   Ich schwinge ein Seil mit den Armen
und springe immer wieder durch.

2   Ich spiele gerne mit einem Ball.
Ich werfe ihn mit der Hand in ein Tor.

3   Ich hole schnell Anlauf. Dann springe ich
so weit ich kann in die Sandgrube.

4   Ich kann gut auf Spori reiten.
Wir springen über Hindernisse.

☐   ☐   ☐   ☐

9 👓 ✏ Welche Sportart machen die Kinder? Lies und schreibe.

☐ Paul macht Weitsprung.

☐ Eugenia ist Springreiterin.

☐ Greta springt mit dem Seil.

☐ Ömer spielt Handball.

Sport macht Spaß!

St st ⭐

○ **1** ✏ Schreibe.

St   St

st   st

Stift

still

Straße

Stefan ist stolz.

○ **2** ✏✏ Kreise (St) und (st) ein. Zähle und schreibe.

Du hörst **scht**.
Du schreibst **St** oder **st**.

> Auf steilen Straßen entsteht schnell
> ein Stau, weil ständig Autos auf dem
> Standstreifen stehen.

St	st

1 Buchstabenverbindung, Wörter und Satz schreiben
2 Buchstaben erkennen (optische Diskriminierung)

St st

○ **3** 📖 ✗🖊 Hörst du St, st im Wort? Kreuze an.

☐ ☐ ☐ ☐

● **4** 〰 ✏ 👑🖊 Schwinge und schreibe. Markiere die Könige (Vokale).

○ ✗ ☐

● **5** 👓 🖊 Schreibe die Reimwörter auf.

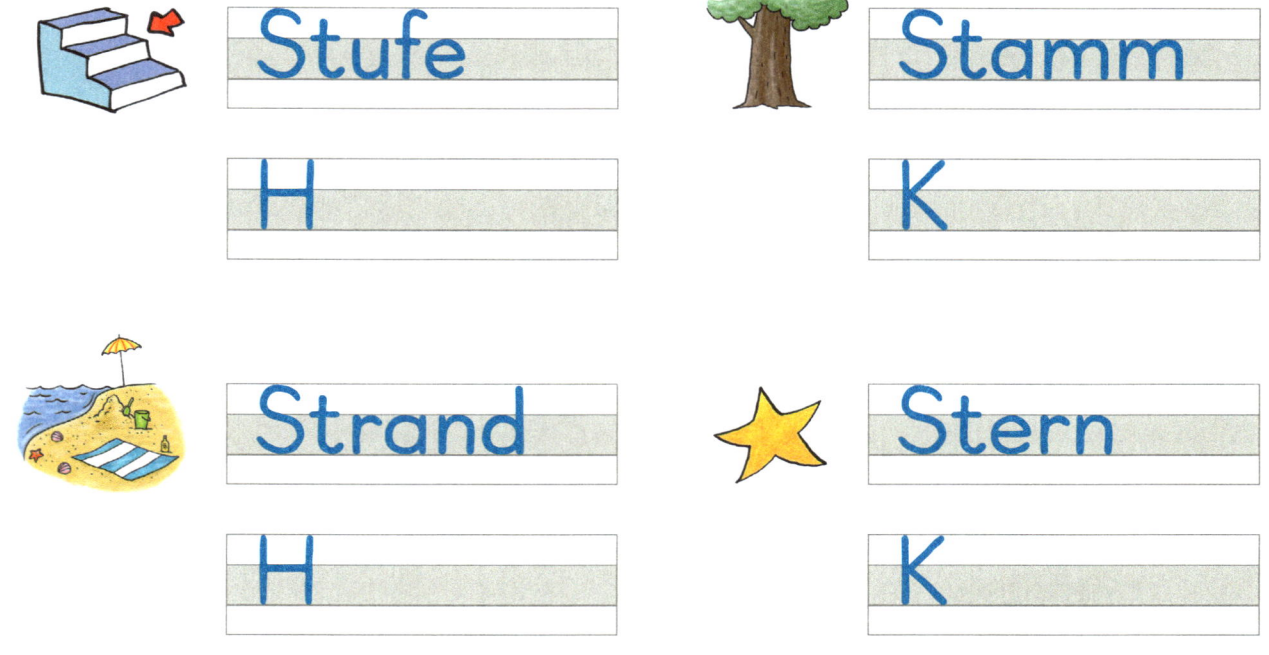

| Stufe | Stamm |
| H | K |

| Strand | Stern |
| H | K |

3 Laute erkennen (akustische Diskriminierung)
4 Wörter schwingen, mit der Schreibtabelle schreiben
  und Silbenkerne markieren
5 Reimwörter aufschreiben

15

St st ⭐

6 ✍️ Hörst du St oder Sch im Wort? Schreibe.

_**St**_empel

_____üssel

_____lange

_____iefel

_____lüssel

_____undenplan

_____ule

_____aubsauger

7 〰️ ✍️ Male Silbenbögen und schreibe.

Stine stolpert über einen Stein.

8 👓 ✍️ Lies und male.

**Auf dem Tisch liegt ein Stapel Bücher.
Links daneben ist ein Stift und ein Stempel.
Am Tisch stehen zwei Stühle.
Unter dem
rechten Stuhl
liegt ein
Anspitzer.**

6 Anlaute passend einsetzen
7 Wörter schwingen und Satz abschreiben
8 Sätze sinnerfassend lesen und dazu malen

9 👓 Lies.

Sportstunde

In der Sportstunde üben alle an Stationen.
Emir, Stefan und Aris sind beim Staffellauf.
Emir übergibt den Stab gerade an Stefan.
Alma und Lale üben den Stiefelweitwurf.
Murkuma läuft um die Stangen.
Nach jeder Station stempelt Frau Willer
einen Stern auf die Karten der Kinder.

Stefan kann sogar einen Salto* springen.
Alle staunen und klatschen.

* Salto:
Purzelbaum
in der Luft,
ohne den Boden
zu berühren

10 👓 ✏ Was üben die Kinder? Schreibe.

Was übt Stefan?

Was übt Alma?

Warum staunen alle über Stefan?

Z z

○ **1** ✏ Schreibe.

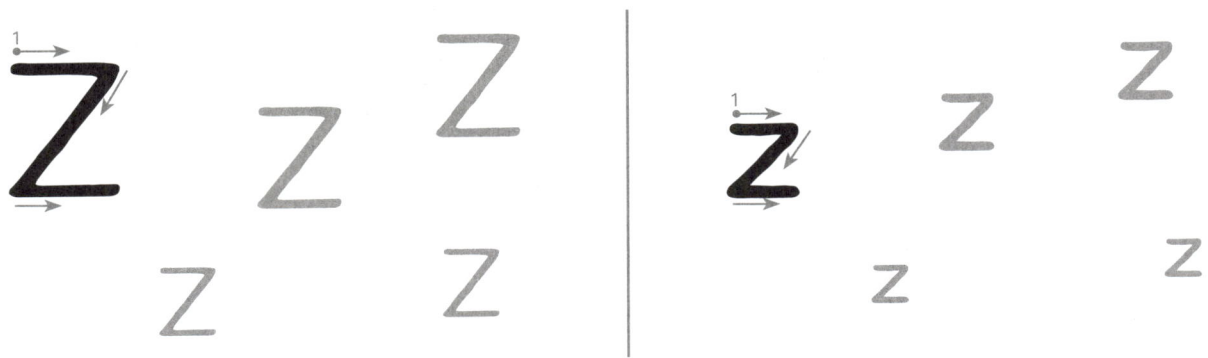

Z z   **Z z**

Zug

zwei Zebras

Prinzessin

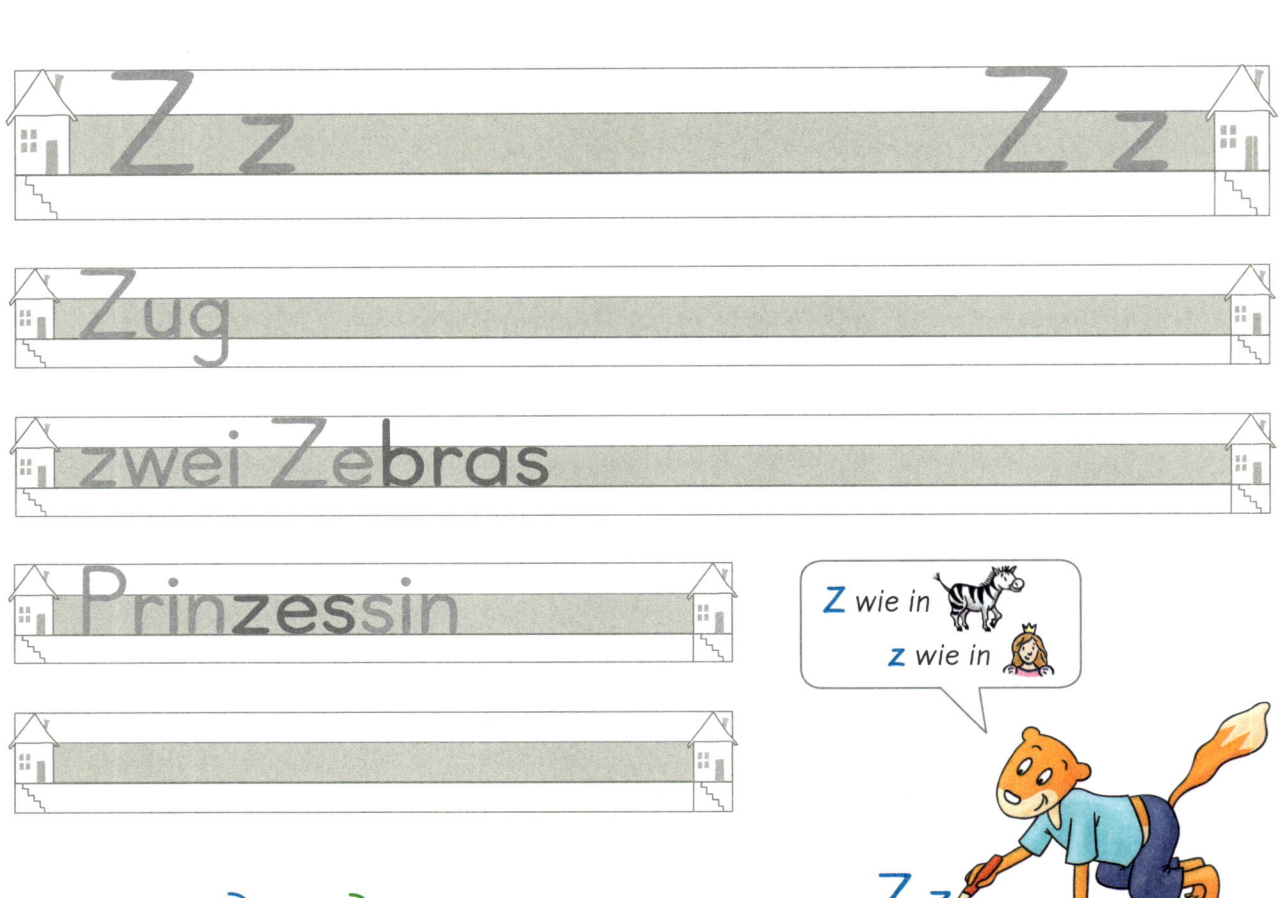

Z wie in 🦓

z wie in 👸

Z z

○ **2** ✏✏ Kreise Ⓩ und ⓩ ein. Zähle und schreibe.

Zauberer Zorro verzaubert im Zirkuszelt

zehn tanzende Zebras in Ziegen.

Z   z

1 Buchstaben und Wörter nachspuren und schreiben
2 Buchstaben erkennen (optische Diskriminierung)

3 🗣 ✗✎ Hörst du Z, z im Wort? Kreuze an.

☐ ☐ ☐ ☐

4 🗣 ✎ In welcher Silbe klingt Z, z? Höre und schreibe Z, z.

5 〰 ✎ 👑✎ Schwinge und schreibe. Markiere die Könige (Vokale).

○ ○ ☐

○ ○ ✗

Z z

6 👓 🖍 Lies und male.

Abrakadabra,
eins, zwei, drei.
Der Zauberer zaubert
zwei Zwerge herbei.

7 🖊 Was zaubert der Zauberer noch? Schreibe.

8 👓 🖊 Welcher Satz ist hier versteckt? Lies und schreibe.

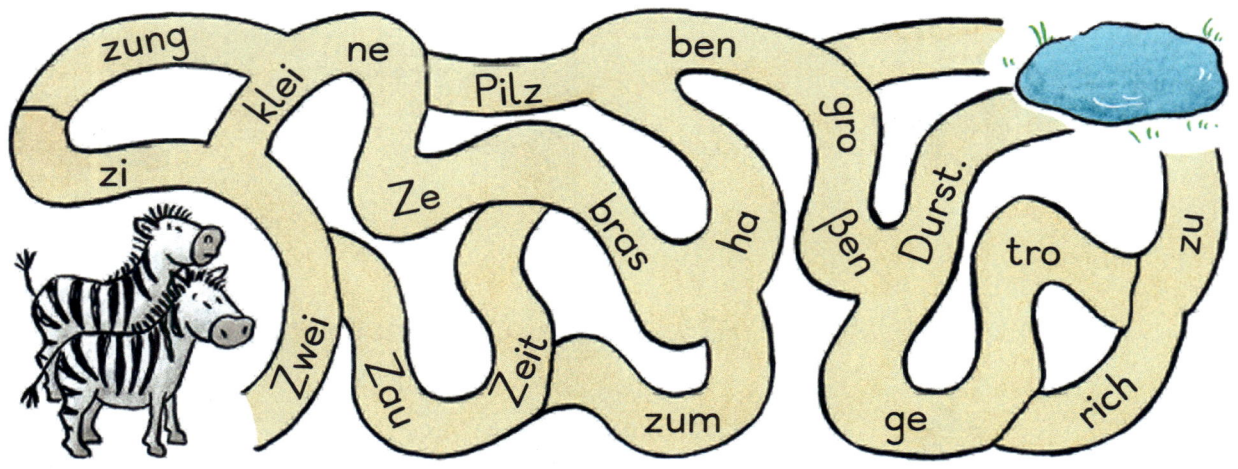

6 Sätze (Verse) sinnerfassend lesen und dazu malen
7 mit der Schreibtabelle schreiben (freies Schreiben)
8 Satz aus Silben zusammensetzen und aufschreiben

9 👓 Lies.

Zahngeschichten

Lotta ist aufgeregt.
Sie geht heute zum Zahnarzt.
Er zeigt Lotta seine Werkzeuge:
Zange, Pinzette, Spiegel.
5 Lotta macht den Mund auf.
Der Zahnarzt schaut sich
jeden Zahn ganz genau an.
Er ist zufrieden.
Lotta hat kein Loch und
10 ihr Zahnfleisch ist gesund.
In einem halben
Jahr soll Lotta
wiederkommen.

10 ✏️✏️ Kreise alle Wörter mit Z und z ein. Schreibe sie auf.

Pf pf

○ **1** ✎ Schreibe.

Pf   Pf

pf   pf

Pf pf   Pf pf

Pferd

Pfanne

Piri pflückt Äpfel.

○ **2** ✎ ✎ Kreise (Pf) und (pf) ein. Zähle und schreibe.

Ein Pferd und ein Pfau klopfen tapfer
auf rotgetupfte Töpfe und Pfannen.

Pf	pf

1 Buchstabenverbindung, Wörter und Satz schreiben
2 Buchstaben erkennen (optische Diskriminierung)

3 Hörst du Pf, pf im Wort? Kreuze an.

☐   ☐   ☐   ☐

4 Schwinge und kreise pf ein.

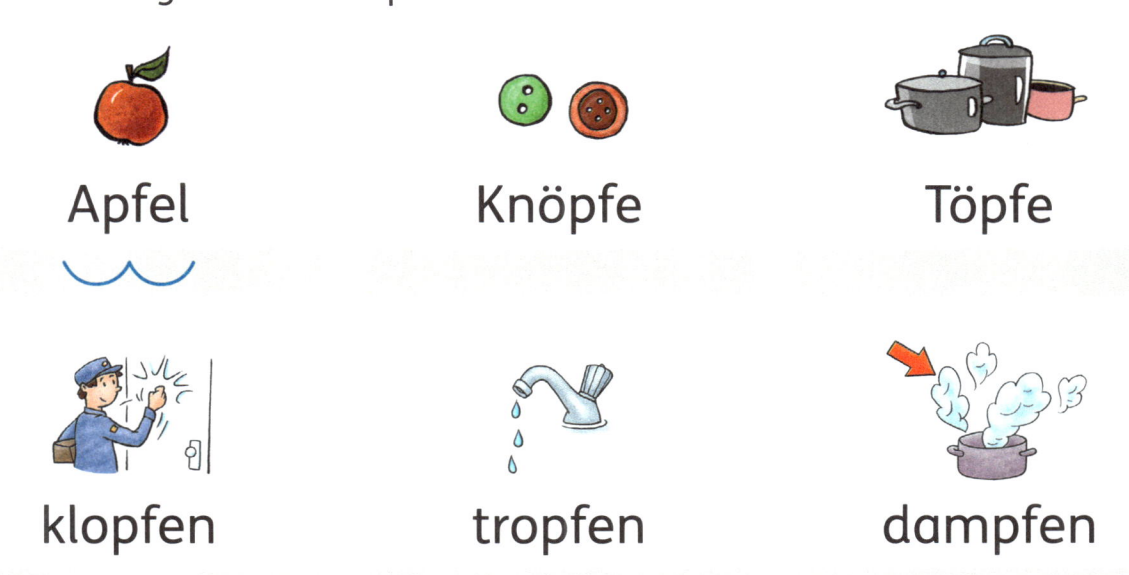

Apfel   Knöpfe   Töpfe

klopfen   tropfen   dampfen

5 Schwinge und schreibe. Markiere die Könige (Vokale).

○   ☐   ○

★   ★

✕   ○

Pf pf

6 ✏️ ✏️ Wie heißt das Wort? Verbinde und schreibe.

Trop •	• ter	
Pflas •	• fen	
Pfan •	• fe	
Ap •	• ne	
Pfei •	• fel	

7 〰️ ✏️ Male Silbenbögen und schreibe.

Maro mag Pfirsiche und Apfelsaft.

Piri mampft Pfannkuchen mit Pflaumen.

6 Wörter aus Silben zusammensetzen und schreiben
7 Wörter schwingen und Sätze abschreiben

8 Lies.

Der Impfausweis

In einigen Tagen reist Maro in das Ferienlager.
Er hat eine Liste, was er mitbringen soll.
Es fehlen noch: Strümpfe, Pflaster
und ein Impfausweis.

5 Maro fragt: „Mama, was ist ein Impfausweis?"
Mama holt ein gelbes Büchlein.
Sie zeigt Maro seine Impfungen.
Mama stellt fest. „Oje, wir sollten dich
noch gegen Tetanus* impfen lassen.

10 Beim Arzt spürt Maro die Nadel kaum.
Zum Schluss bekommt er
ein Pflaster mit Pferden darauf.
Mama klopft Maro auf die Schulter:
„Sehr tapfer, mein Junge!"

* Tetanus: gefährliche Krankheit

9 Kreise alle Wörter mit Pf und pf ein. Schreibe sie auf.

-ck

○ **1** ✎ Schreibe.

ck   ck

Rock

lecker

Mückenstiche jucken.

dicke Schnecken

> *Du hörst **kk**.*
> *Du schreibst **ck**.*

Schnecke

○ **2** ✎ ✎ Kreise ⟨ck⟩ ein. Zähle und schreibe.

In einer dunklen Ecke
auf einer schicken Decke
schleckt ein Dackel voller Glück
an einem süßen Zuckerstück.

ck

1 Buchstabenverbindung, Wörter und Satz schreiben
2 Buchstaben erkennen (optische Diskriminierung)

3 👂 ✗✏ Hörst du ck im Wort? Kreuze an.

☐　　　　☐　　　　☐　　　　☐

4 〰 ○✏ Schwinge und kreise ck ein.

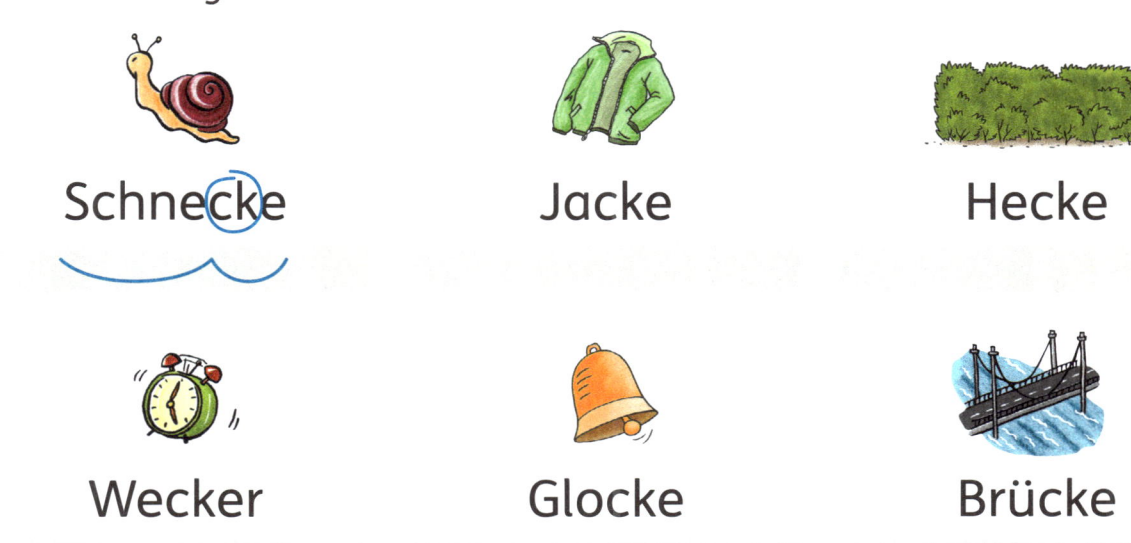

Schnecke　　　Jacke　　　Hecke

Wecker　　　Glocke　　　Brücke

5 〰 ✏ 👑✏ Schwinge und schreibe. Markiere die Könige (Vokale).

○　　　　✗　　　　✗

⭐ ☐　　　　⭐ ✗

6 👓 ✏️ Schreibe die Reimwörter auf.

Brücke	Decke
M	H
L	Schn

ticken	eckig
p	dr
bl	fl

7 👓 ✏️ Was ist richtig? Lies und kreuze an.   🙂 ☹️

Wecker können wecken. ☐ ☐

Zucker schmeckt sauer. ☐ ☐

Schnecken kriechen schnell. ☐ ☐

Das Gegenteil von dick ist dünn. ☐ ☐

Mücken können nicht stechen. ☐ ☐

Kleine Uhren ticken schneller als große Uhren. ☐ ☐

6 Reimwörter aufschreiben
7 Sätze sinnerfassend lesen und überprüfen

8 👓 Lies.

Klassenfrühstück

Alle haben etwas für das Frühstück dabei.

Die Lehrerin legt eine Tischdecke auf den Tisch.

Gemeinsam decken die Kinder den Tisch.

Samira packt ein Dinkelbrot aus:

5 „Das habe ich mit Mama gebacken."

Lotta hat Trockenfrüchte mitgebracht.

Maro nickt: „Hmm, lecker – auch ohne Zucker."

Erik schneidet Gurken

in Stücke.

10 Tülin hat einen
Becher Hummus:

„Hummus wird aus Kichererbsen gemacht.

Es schmeckt gut zu Knäckebrot."

9 ✏️ Was gibt es zum Klassenfrühstück? Unterstreiche und schreibe.

10 ✏️ Was frühstückst du gerne? Male und schreibe.

Y y

○ **1** 🖊 Schreibe.

Y Y Y Y Y | y Y Y Y y

Y y 〔house line〕 Y y

Yoga

Pony

Labyrinth

○ **2** 🖊🖊 Kreise Ⓨ und ⓨ ein.
Zähle und schreibe.

*Das kleine **y** wohnt auch im Keller!*

Y	y

Y P y v V W Y U y x u g Y v j y X Y y g
P V I J V Y Y g j y V Y P I Y f l y j g y

1 Buchstaben und Wörter nachspuren und schreiben
2 Buchstaben erkennen (optische Diskriminierung)

3 🎧 ✏️ Wie klingt Y, y? Höre genau und verbinde.

Baby

Labyrinth

Handy

Olympia

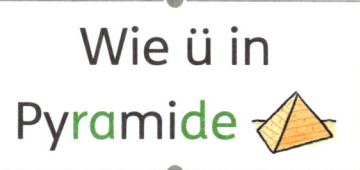
Wie ü in Pyramide

Wie j in Yak

Wie i in Teddy

Xylofon

Yacht

Yoga

Pony

4 👓 ✏️ Lies und verbinde.

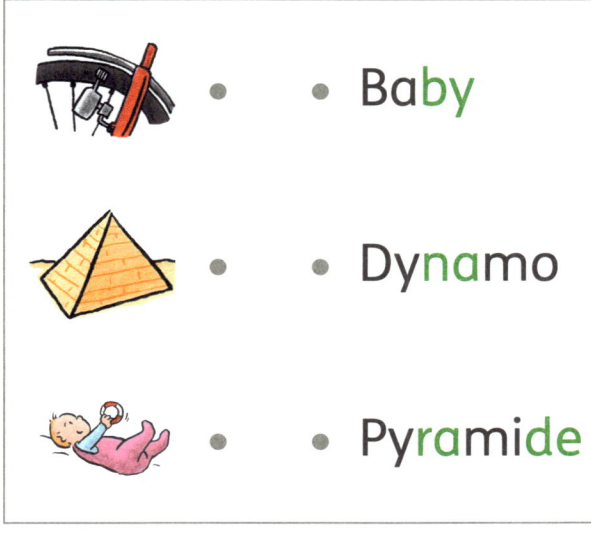

Baby

Dynamo

Pyramide

Labyrinth

Zylinder

Xylofon

3 unterschiedliche Lautung erkennen (akustische Diskriminierung, Phonem-Graphem-Zuordnung)
4 passende Wörter mit Bild verbinden

31

5 Lies und verbinde.

Es ist ein kleines Kind.	Teddy
Es frisst auf der Weide Gras.	Baby
Damit kannst du kuscheln.	Pony

6 Male Silbenbögen und schreibe.

In Ägypten gibt es Pyramiden.

7 Was ist richtig? Lies und schreibe.

Im Wagen ist kein Baby.
Es hat ein Handy im Arm.

Im Wagen ist ein Baby.
Es hat einen Teddy im Arm.

5 Sätze und Wörter sinnerfassend lesen und passend verbinden

6 Wörter schwingen und Satz abschreiben
7 passende Sätze dem Bild zuordnen und aufschreiben

8 👓 ✏️ Lies und verbinde.

Das tut mir gut

> Ich bin Lydia.
> Mein Teddy heißt Emmy.
> Mama sagt: „Lydia und Emmy
> sind unzertrennlich."

> ₅ Ich heiße Tommy.
> Ich fühle mich wohl,
> wenn ich auf dem Pony reiten darf.
> Papa sagt: „Frische Luft tut dir gut."

> Mein Name ist Yoko.
> ₁₀ Ich mache gern Yoga*.
> Wir machen Figuren. Sie heißen
> der Fisch oder die Kobra. Oma sagt:
> „Yoga ist wie Gymnastik."

* Yoga: Yoga kommt aus Indien. Die Übungen helfen dir, dich zu konzentrieren und zu entspannen.

9 ✏️ Was tut dir gut? Schreibe.

8 Text sinnerfassend lesen und mit passendem Bild verbinden
9 mit der Schreibtabelle schreiben (freies Schreiben)

Das Wiesel

○ **1** 👓 Lies.

Das Wiesel ist ein Raubtier.
Es kann fast so groß werden
wie ein Kater.
Sein Fell ist braun.
5 Der Bauch ist fast weiß.
Ein Wiesel wird 13 bis 15 Monate alt.
Es lebt am Waldrand.

Wiesel
wieseln.

○ **2** 👓 ✏️ ✏️ Was ist richtig? Lies, kreise ein und schreibe.

Ein Wiesel ist ein Haustier.	H
Ein Wiesel ist ein Raubtier.	P
Ein Wiesel ist so groß wie eine Maus.	E
Ein Wiesel ist so groß wie ein Kater.	I
Ein Wiesel wird 13 bis 15 Monate alt.	R
Ein Wiesel wird 5 Jahre alt.	S
Ein Wiesel lebt am Wasser.	A
Ein Wiesel lebt am Waldrand.	I

Lösungswort:

1 Text sinnerfassend lesen (informierende Texte verstehen)
2 Sätze sinnerfassend lesen, Lösungswort aufschreiben

Eine Meise auf großer Reise

○ **1** ✏️ Lies und male zum Gedicht.

Eine junge kleine Meise
ging einmal auf große Reise.

Zuerst sah sie einen blauen See,
an seinen Ufern war grüner Klee.

Danach sah sie einen hohen Berg,
ganz oben war ein kleiner Zwerg.

Nun sah sie eine andere Meise
und ging mit ihr auf neue Reise.

● **2** 👄 🧑 🧑🧑 Lerne das Gedicht auswendig.
Trage es betont vor.

● **3** ✏️ Was sah die Meise noch? Male und schreibe.

1 Text (Gedicht) sinnerfassend lesen und dazu malen
2 Gedicht auswendig lernen und betont vortragen
3 mit der Schreibtabelle schreiben (freies Schreiben)

35

Welches Haustier bin ich?

1 👓 ✏️ 📝 Lies, verbinde und schreibe.

> Am liebsten fresse
> ich frisches Gras.

> Ich laufe gerne
> in einem Rad.

> In meinem Stall
> muss immer
> frisches Stroh liegen.

> Mit meinem Schnabel
> fresse ich Körner.

> Ich habe scharfe Krallen
> und fange
> gerne Mäuse.

> Ich grabe gerne
> nach Knochen.

1 Sätze sinnerfassend lesen und mit passendem Bild verbinden, mit der Schreibtabelle schreiben

Kennst du dieses Tier?

1 👓 ✏️ Welcher Buchstabe passt? Lies und schreibe.

☐ Dieses Tier lebt in Afrika oder Indien.
Es hat große Ohren.
Mit dem Rüssel kann es greifen.

☐ Dieses Tier legt Eier und hat Federn.
Es kann nur flattern, aber nicht fliegen.
Es lebt auf dem Bauernhof.

☐ Dieses Tier hat viele prächtige Farben.
Es ist klein und kann fliegen.
Es hat Fühler und dünne Flügel.

☐ Dieses Tier lebt im Wasser oder an Land.
Es kann sich gut vor Feinden schützen.
Bei Gefahr versteckt sich das Tier unter seinem Panzer.

| I | N | E | F |

Das hast du ☐☐☐☐ gemacht!

Beim Zahnarzt

1 ✏️ Lies und male.

Das Wartezimmer hat einen braunen Boden.
Ein Bild an der Wand zeigt einen roten Apfel,
das andere eine blaue Zahnbürste.
Maro sitzt auf einem gelben Teppich
5 mit blauen Punkten.
Auf seinem Pullover sind rote Streifen.

Maro hat einen grünen Trecker in der Hand.
Unter dem blauen Stuhl steht eine Murmelbahn.
In der Ecke hängt Maros blaue Jacke.

1 Text sinnerfassend lesen und dazu malen

Maus und Elefant im Schwimmbad

1 👓 Lies.

Es ist Mai.
Heute macht das Freibad auf.
Die Maus und ihr Freund, der Elefant,
gehen zum Baden. Der Elefant zieht sich um
und ist schon im Wasser.
Aber die Maus kann ihre Badehose nicht finden.
Sie läuft aufgeregt am Beckenrand entlang
und ruft dem Elefanten zu: „Komm doch bitte
noch einmal heraus, Elefant!"
Der Elefant steigt mühsam aus dem Becken.
„Was ist denn los?", fragt er seine Freundin.
Die Maus blickt ihn von oben bis unten an
und sagt: „Ach nichts! Ich kann nur
meine Badehose nicht finden
und wollte nachschauen,
ob du sie vielleicht
aus Versehen angezogen hast."

2 👥 Spiele die Geschichte mit einem anderen Kind nach.

1 Text sinnerfassend lesen
2 szenisch spielen

ÜBEN
Wörter schreiben

○ **1** 🖊 🖌 Schreibe Piris Wörter. Markiere die Könige (Vokale).

die Pflan**ze**
brin**gen**
die Stun**de**
dick
das Ba**by**

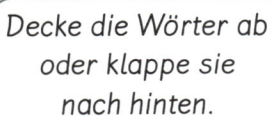
Decke die Wörter ab oder klappe sie nach hinten.

○ **2** 🖊 🖊 Was reimt sich?
Verbinde und schreibe die Reimwörter auf.

Zunge	•	•	raten
Stift	•	•	Junge
Spaten	•	•	Stock
Rock	•	•	Gift

😐 🙂

📕 S. 14/15

40

1 Lernwörter schreiben und Silbenkerne markieren
2 Reimwörter verbinden und aufschreiben

ÜBEN
Wörter schreiben

○ **1** ✏️ 👑 Schreibe Piris Wörter. Markiere die Könige (Vokale).

der Kopf

ja

der Sport

sin**gen**

der Stein

◑ **2** ✏️ Wie heißt das Wort? Verbinde und schreibe.

Ba •	• ny
Po •	• dy
Han •	• by

● **3** ✗✏️✏️ Was ist richtig? Lies, kreuze an und schreibe.

☐ Große Spatzen können fliegen.

☐ Viele Schlangen haben lange Beine.

☐ Alle Steine sind hart.

😐 🙂

S. 16/17

1 Lernwörter schreiben und Silbenkerne markieren
2 Wörter aus Silben zusammensetzen und aufschreiben
3 Sätze sinnerfassend lesen, überprüfen und richtige Sätze aufschreiben

41

1 🖊 Was fehlt hier? Sp oder St? Schreibe.

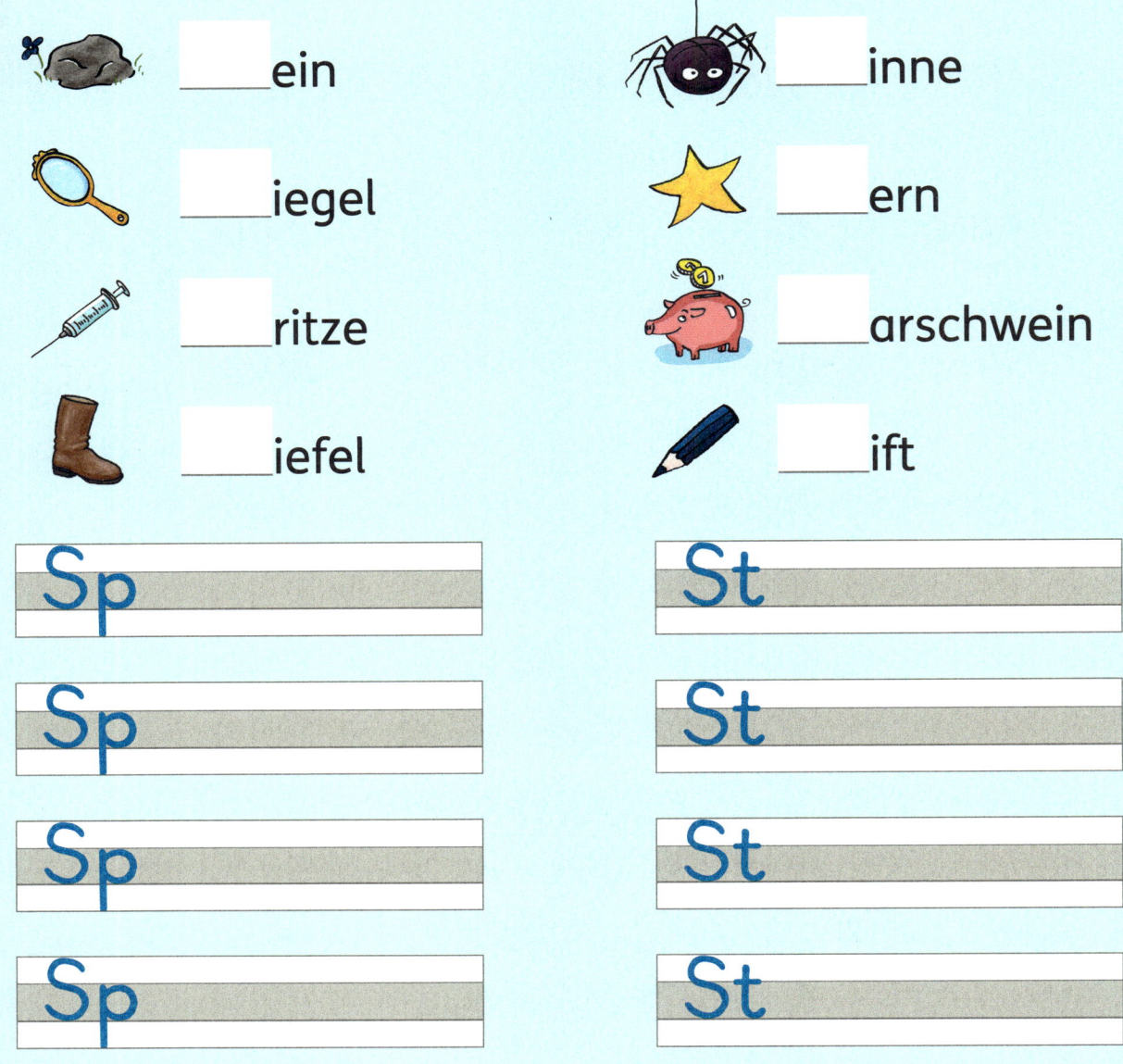

_____ein

_____inne

_____iegel

_____ern

_____ritze

_____arschwein

_____iefel

_____ift

Sp		St	
Sp		St	
Sp		St	
Sp		St	

2 👓 ✏️🖊 Was passt nicht? Lies, streiche durch und schreibe richtig.

Auf dem Tisch liegt ein [Sp/St] _____apel bunter Bücher.

Darauf ist ein roter [Sp/St] _____itzer.

Rechts daneben stehen zwei [Sp/St] _____ühle.

Darüber hängt eine [Sp/St] _____orthose.

1 Anlaute Sp und St erkennen und Wörter schreiben
2 richtige Anlaute (Sp oder St) erkennen und schreiben

1 〰 ✏ Male Silbenbögen und schreibe.

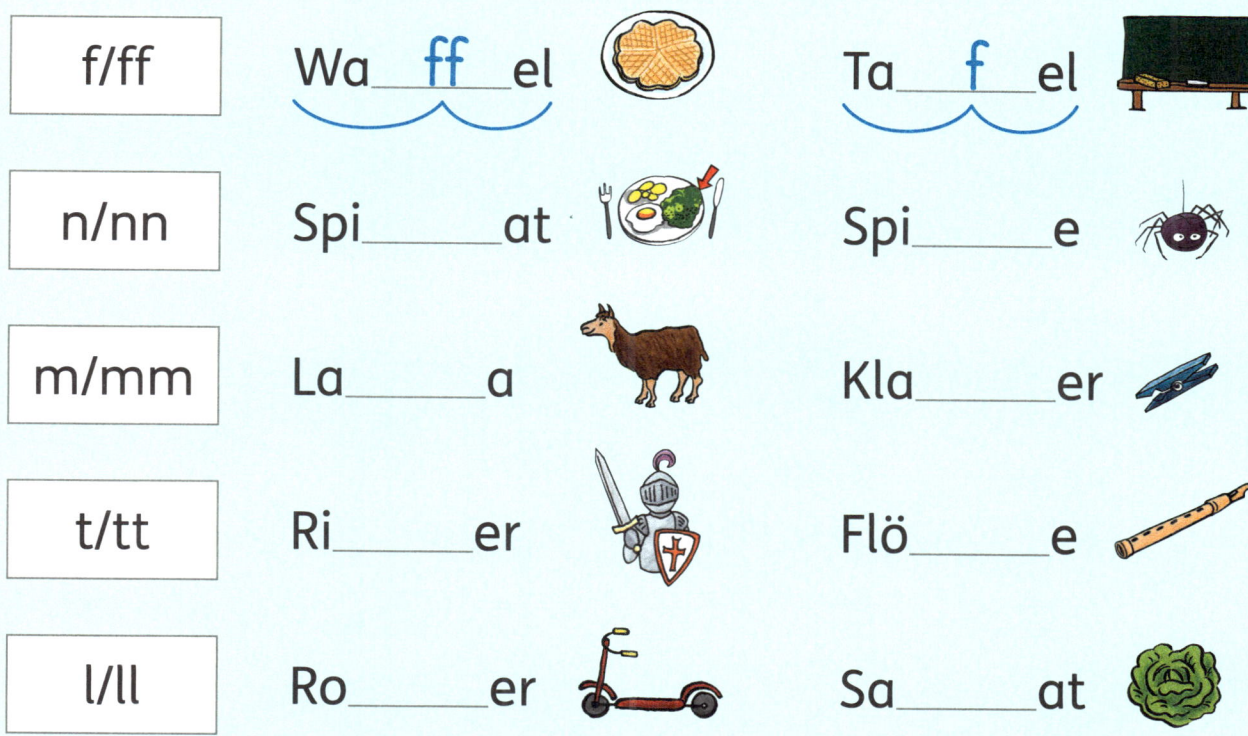

f/ff	Wa__ff__el	Ta__f__el
n/nn	Spi_____at	Spi_____e
m/mm	La_____a	Kla_____er
t/tt	Ri_____er	Flö_____e
l/ll	Ro_____er	Sa_____at

2 〰 ✏ 👑✏ Schwinge und schreibe. Markiere die Könige (Vokale).

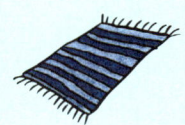

1 Wörter schwingen und Mitlaute schreiben
2 Wörter schwingen, mit der Schreibtabelle schreiben und Silbenkerne markieren

43

1 ✏️ Was gehört zusammen? Verbinde und schreibe.

schwer •	• süß	
eckig •	• leicht	
sauer •	• dünn	
dick •	• rund	

2 👓 ✏️ Lies und verbinde. Schreibe passende Sätze.

die Schnecke •	• schnell
die Giraffe •	• klein
der Jaguar •	• langsam
die Ameise •	• groß

Die Schnecke ist langsam.

1 Gegensätze erkennen und Wortpaare aufschreiben
2 Sätze als Sinneinheit erfassen, passend verbinden und aufschreiben

ÜBEN
Präpositionen

1 👓 ✏ Wo ist was in der Turnhalle?
Lies und schreibe.

| unter der Bank | neben der Tür | auf der Matte |

| hinter dem Kasten | auf dem Kasten | vor dem Reifen |

Der Ball ist _____ .

Das Seil liegt _____ .

Die Ta**sche** steht _____ .

Die Klet**ter**wand ist _____ .

Der Turn**schuh** ist _____ .

Stel**la** sitzt _____ .

Das kann ich

○ **1** 🖊 Wie heißt das Wort? Verbinde und schreibe.

Zun •	• ne
Pflas •	• fel
Spin •	• ge
Stie •	• ter

😐 😊

◐ **2** 〰 🖊 Male Silbenbögen und schreibe.

Ziegen springen über Pfützen und Steine.

😐 😊

● **3** 〰 📝 👑🖊 Schwinge und schreibe. Markiere die Könige (Vokale).

😐 😊

1 Wörter aus Silben zusammensetzen und schreiben
2 Wörter schwingen und Satz abschreiben
3 Wörter schreiben und Silbenkerne markieren

Das kann ich

1 👓 ✗🖉 Was ist richtig? Lies und kreuze an.

Das blaue Auto fährt langsam auf die

☐ Mücke.   ☐ Lücke.   ☐ Brücke.

In Lottas braunem Haar ist eine

☐ Zange.   ☐ Stange.   ☐ Spange.   ☺ ☺

2 👓 🖉 Lies und schreibe.

Strumpf	Schlumpf	Sumpf

Der Frosch überwintert im _____.

Enriko sucht seinen _____.

Im meinem Überraschungsei war

ein kleiner blauer _____.

3 👓 ab🖉 Was passt nicht? Lies und streiche durch.

Maros Zahn weiß wackelt auf einmal.

Maro ist hat deshalb schlecht geschlafen.

Onkel Conrad hat liebt die Zahnfee gerufen.

Den Zahn liegt legt Maro unter das Kissen.   ☺ ☺

1 Sätze als Sinneinheit erfassen und passende Wörter zuordnen
2 passende Wörter in Sätze einsetzen
3 Sätze sinnerfassend lesen und Falsches durchstreichen

47

Zuhören und erzählen

○ **1** 👄 Beschreibe das Bild.

○ **2** ✏️ ✍️ Welche Märchen findest du? Male oder schreibe.

1 zum Bild erzählen, sich an Gesprächen beteiligen, über Lernen sprechen
(Wortschatz zu einem Thema anwenden: Märchen)
2 zum Bild malen oder schreiben

1 ✏ Schreibe.

Ä

ä

Ä ä

Bär

kämmen

2 ✏✏ Kreise Ä und ä ein. Zähle und schreibe.

> Acht Bären ärgern elf Äffchen im Käfig.
> Die Äffchen lächeln nur und kämmen
> ihre Härchen.

Ä   ä

3 👂 ✏ Hörst du Ä, ä im Wort? Kreuze an.

☐   ☐   ☐   ☐

1 Buchstaben und Wörter schreiben
2 Buchstaben erkennen (optische Diskriminierung)
3 Laute erkennen (akustische Diskriminierung)

49

4 🗣 📝 In welcher Silbe klingt Ä, ä? Höre und schreibe Ä, ä.

5 〰 📝 👑 Schwinge und schreibe. Markiere die Könige (Vokale).

6 🗣 ✏ Wie klingt Ä, ä? Verbinde.

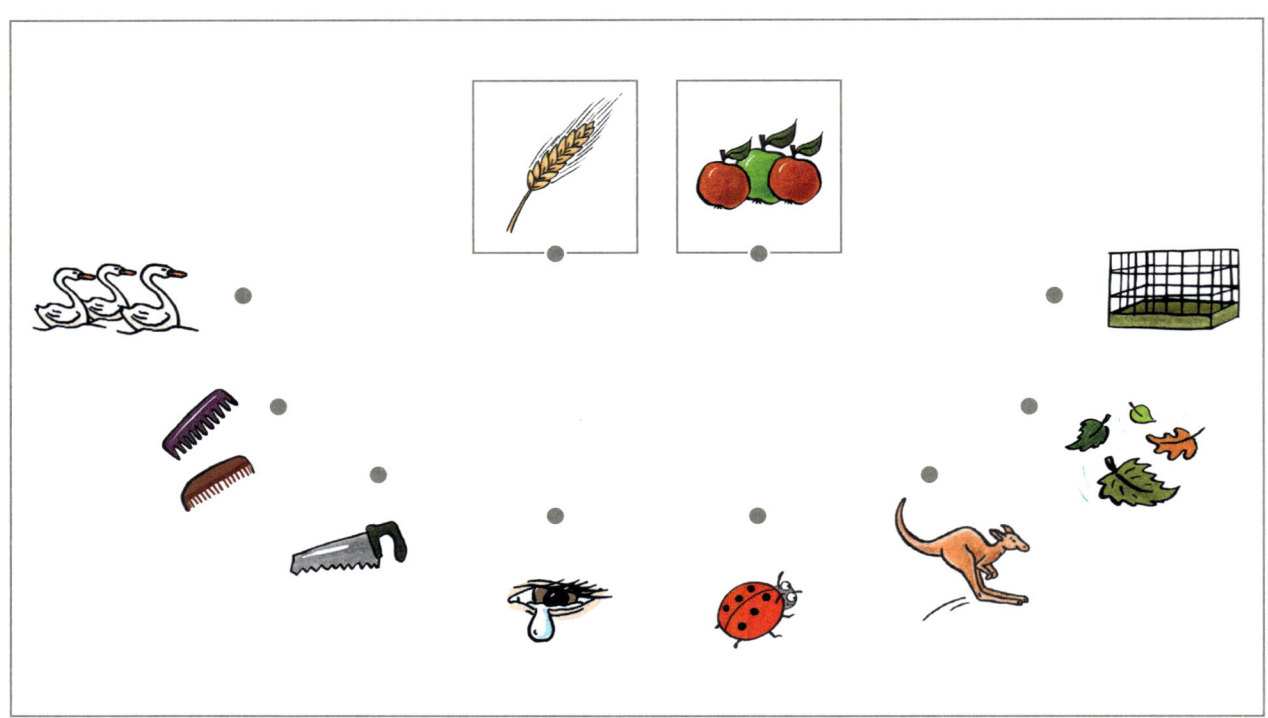

4 Laute erkennen (akustische Diskriminierung)
5 Wörter schwingen, mit der Schreibtabelle schreiben und Silbenkerne markieren
6 lange und kurze Laute unterscheiden (akustische Diskriminierung)

7 ✏️ 👂 Schreibe und kreise Ä, ä ein

Ähre	Mädchen	Känguru

blättern	kämmen	lächeln

8 ✏️ 👂 Schreibe und kreise A, a und Ä, ä ein.

 der Apfel    die Äpfel

 der Zahn    die

 die Hand    die

 der Ball    die

Ä ä

○ **9** 👓 Lies.

Opa erzählt Märchen

Maro und Lukas finden es toll,
wenn Opa Märchen erzählt.
Das Märchen mit Rotkäppchen
gefällt ihnen besonders gut.
5 Wenn er den Wolf spricht,
ändert er seine Stimme.

Opa fängt an: „Rotkäppchen will seine Großmutter
besuchen. Im Wald trifft es den bösen Wolf …"
Lukas schmiegt sich enger an Maro.
10 Maro kneift ihn und sagt:
„Angsthase, das ist doch nur ein Märchen!"
Lukas ist froh, dass der Jäger Großmutter
und Rotkäppchen rettet.

🌱 **10** ✏️✏️ Kreise alle Wörter mit ä ein. Schreibe sie auf.

9 Text sinnerfassend lesen
10 Wörter mit ä einkreisen und aufschreiben

X x

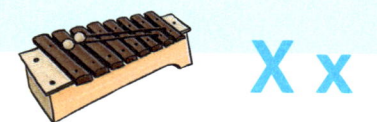

○ 1 Schreibe.

X X X X X | x x x x x

X X

x x

X x X x

Hexe

boxen

Xylofon

X und *x* unterscheiden sich nur in der Größe.

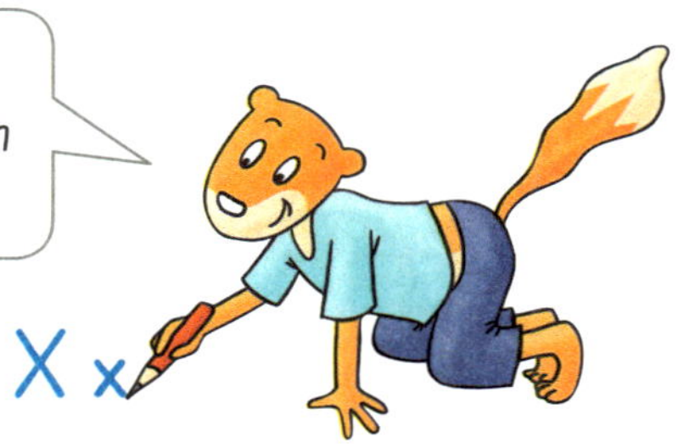

1 Buchstaben und Wörter nachspuren und schreiben

X x

○ **2** ✎✎ Kreise Ⓧ und ⓧ ein. Zähle und schreibe.

> Drei He**x**en mi**x**en He**x**enbrei und flie**g**en fix
>
> auf dem Ta**x**ibe**s**en zum gro**ß**en He**x**enfest.

○ **3** 👂 ✎ Hörst du X, x im Wort? Kreuze an.

☐   ☐   ☐   ☐

◐ **4** ∿ ✎ 👑✎ Schwinge und schreibe. Markiere die Könige (Vokale).

> Du hörst **ks**.
> Du schreibst **X** oder **x**.
> **Boxer**

✕

✕   

☐

✕   ☐

2 Buchstaben erkennen (optische Diskriminierung)
3 Laute erkennen (akustische Diskriminierung)

4 Wörter schwingen, mit der Schreibtabelle
schreiben und Silbenkerne markieren

5 Was passt nicht? Streiche durch.

Die He**x**e fliegt/fegt auf dem Be**s**en.

Förster fällen Bäume mit der Ast/Axt.

Das Taxi/Text fährt auf der Straße.

Im Lexikon kann ich viel lesen/losen.

Mit dem Mi**x**er kannst du wischen/mixen.

Ni**x**en mixen Muschelkuchen/Murmeln.

Bo**x**er fragen/tragen Boxhandschuhe.

6 Lies, verbinde und schreibe.

⭐ Die Ni**x**e •	• spielt Xylofon.
Der Bo**x**er •	• knab**b**ert Kek**s**e am See.
Die He**x**e •	• boxt mit Piri.

Qu qu

1 🖉 Schreibe.

Qu   Qu   Qu | qu   qu   qu
Qu   Qu   qu   qu

Qu   Qu

qu   qu

Qu qu   Qu qu

Qualle

quietschen

So ein Quatsch!

> Du hörst **kw**.
> Du schreibst **Qu** oder **qu**.

1 Buchstabenverbindung und Wörter nachspuren und schreiben

○ **2** ∘✎ ✎ Kreise (Qu) und (qu) ein. Zähle und schreibe.

> Quirlige Quallen quasseln Quatsch mit
> quietschgrünen Kaulquappen.

○ **3** ✎ ✕✎ Hörst du Qu, qu im Wort? Kreuze an.

◻   ◻   ◻   ◻

◑ **4** ⌣ ✎ 👑✎ Schwinge und schreibe. Markiere die Könige (Vokale).

◻   ○   ✕

✕   ○   ✕

★    ★

◻   ◻

2 Buchstaben erkennen (optische Diskriminierung)
3 Laute erkennen (akustische Diskriminierung)   4 Wörter schwingen, mit der Schreibtabelle
schreiben und Silbenkerne markieren   57

Qu qu

5 Lies, verbinde und schreibe.

Quer •	• spei •	• te

Quark •	• flö •	• se

6 Male Silbenbögen und schreibe.

Piri spielt Querflöte.

7 Was ist richtig? Lies, kreuze an und schreibe.

☐ Quark ☐ Aquarium ☐ Quittenmus

Der Fisch schwimmt im _____ .

☐ Quadrat ☐ Quirl ☐ Quartett

Die Kinder spielen _____ .

☐ quietschen ☐ quatschen ☐ quaken

Die Räder am Wagen _____ laut.

5 Wörter aus Silben zusammensetzen und schreiben
6 Wörter schwingen und Satz abschreiben
7 passende Wörter in Sätze einsetzen

8 👓 ✏ Wer tut was? Lies und schreibe.

quaken	quieken	quatschen
Schweine	Kinder	Enten

9 👓 ✏ Lies. Kreise alle Wörter mit Qu und qu ein.

Quartett

Maro, Lotta, Tülin und Quirin
spielen Märchen-Quartett.
Lucas quengelt: „Ich will mitspielen."
Er schaut in Tülins Karten und quasselt los:
₅ „Ich sehe ein Tier, das quakt."
Tülin ist verärgert: „Hör auf mit dem Quatsch!"

10 ✏ Kennst du andere Quartett-Spiele? Schreibe.

8 Wörter sinnerfassend lesen und Sätze aufschreiben
9 Text sinnerfassend lesen, Wörter mit Qu, qu einkreisen
10 mit der Schreibtabelle schreiben (freies Schreiben)

V v

○ **1** ✎ Schreibe.

V V V V V V V | v v v v v

V V   V v

Vampir

viele

violett

> **V** wie Vampir und
> **V** wie Vogel.

○ **2** ✏✎ Kreise Ⓥ und ⓥ ein. Zähle und schreibe.

U v V n u v u U V U u v n v u n U V v Up

Vier Vampire verstecken sich hinter dem
Vorhang und verjagen fünf violette Vögel.

V	v

1 Buchstaben und Wörter nachspuren und schreiben
2 Buchstaben erkennen (optische Diskriminierung)

 V v

3 Wie klingt V, v? Höre und verbinde.

4 Schwinge und schreibe. Markiere die Könige (Vokale).

5 Lies. Mache nach jedem Wort einen Strich.
Schreibe den Satz richtig auf.

AufdemKlavierstehteineVasemitverwelktenBlumen.

3 unterschiedliche Lautungen erkennen (akustische
Diskriminierung, Phonem-Graphem-Zuordnung)

4 Wörter schwingen, mit der Schreibtabelle schreiben
und Silbenkerne markieren
5 Wortgrenzen markieren und Sätze richtig aufschreiben

61

V v

6 👓 ✏️ Welches Wort passt? Lies und schreibe.

verraten	verstecken	verkleiden

Die Hexen _____ ihre Besen.

Roxana und Max _____

sich als Märchenfiguren.

Die Kinder _____ ein Geheimnis.

7 👓 ✏️ Lies und schreibe. Löse das Kreuzworträtsel.

Vase	Vampir	Vulkan	Vögel	Klavier

Piri findet dich _____ .

6 passende Wörter in Sätze einsetzen
7 Wörter sinnerfassend lesen, Kreuzworträtsel lösen, Lösungswort aufschreiben

C c

○ **1** 🖋 Schreibe.

C   C

c   c

C c   C c

Clown

Cent

Popcorn

> C und c unterscheiden sich nur in der Größe.

C c

○ **2** 🖋🖋 Kreise Ⓒ und ⓒ ein. Zähle und schreibe.

Nico liest einen coolen Comic über
Cowboy Rico und knabbert dazu Popcorn.

C	c

C c

3   Wo klingt C anders? Kreise ein.

4   Lies und verbinde.

| CD | Computer | Creme | Popcorn |

| ★ Container | ★ Campingplatz | ★ Collie |

5    Schwinge und schreibe. Markiere die Könige (Vokale).

   ☐

   ◯

   ◯

3 unterschiedliche Lautungen erkennen (akustische Diskriminierung, Phonem-Graphem-Zuordnung)
4 passende Wörter mit Bild verbinden
5 Wörter schwingen, mit der Schreibtabelle schreiben und Silbenkerne markieren

6 Lies und verbinde.

Carla lacht über den	• Popcorn.
Im Kino essen Rebecca und Luca	• Collie.
Marcel tobt mit dem	• Clown.

7 Lies und schreibe. Löse das Kreuzworträtsel.

1
2
3
4
5
6

Computer

Popcorn

Container

Cent

Creme

Carla

1 Du kannst es essen.
2 Du kannst mit ihr über den Clown lachen.
3 Du kannst deine Haut damit pflegen.
4 Du kannst damit schreiben.
5 Du kannst damit bezahlen.
6 Du kannst Abfall hineinwerfen.

Piri isst Popcorn mit .

6 Sätze als Sinneinheit erfassen und passend verbinden
7 Wörter und Sätze sinnerfassend lesen, Kreuzworträtsel lösen, Lösungswort aufschreiben

65

-tz

○ **1** ✎ Schreibe.

tz   tz

Katze

spitz

sitzen

Spatzen schwatzen.

Tigertatze

> Du hörst **z**,
> du schreibst **tz**?

○ **2** ✎✎ Kreise (tz) ein. Zähle und schreibe.

Die Spatzen zwitschern und schwatzen.
Die schwarze Katze sitzt neben der Pfütze
und putzt genüsslich ihre Tatzen.

tz

1 Buchstabenverbindung, Wörter und Satz schreiben
2 Buchstaben erkennen (optische Diskriminierung)

● 3 Schwinge, schreibe und kreise tz ein.

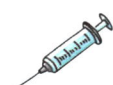

● 4 Schreibe Reimwörter.

Tatze	Spitze	Sitz
Fr	H	W
K	R	Bl
sitzen	hetzen	putzen
bl	p	n

5 〰 ✐ Male Silbenbögen und schreibe.

Katze Mitzi flitzt flink über Zäune und Pfützen.

6 👓 ✐ Lies. Kreise ⓣⓩ und Ⓩ ein.

Katzengeschichte

Lotta möchte eine Katzengeschichte schreiben.
Das geht sehr gut am Computer.
Dort kann sie jeden Satz verbessern.
Zuerst möchte Lotta wissen:
5 Wie heißen die Füße von Katzen:
Pfoten oder Tatzen?

Dann findet sie im Internet
ein Bild von einer
besonders hübschen Katze.

10 Zuletzt entdeckt sie noch etwas über die Fellzeichnung:
Katzen sind getigert, einfarbig oder gefleckt.

5 Wörter schwingen und Satz abschreiben
6 Text sinnerfassend lesen, tz und Z einkreisen; Medienkompetenz anbahnen
(in Medien recherchieren, am Computer schreiben) [MK]

7 👓 ✏ Lies Lottas Katzengeschichte. Kreise alle Wörter mit tz ein.

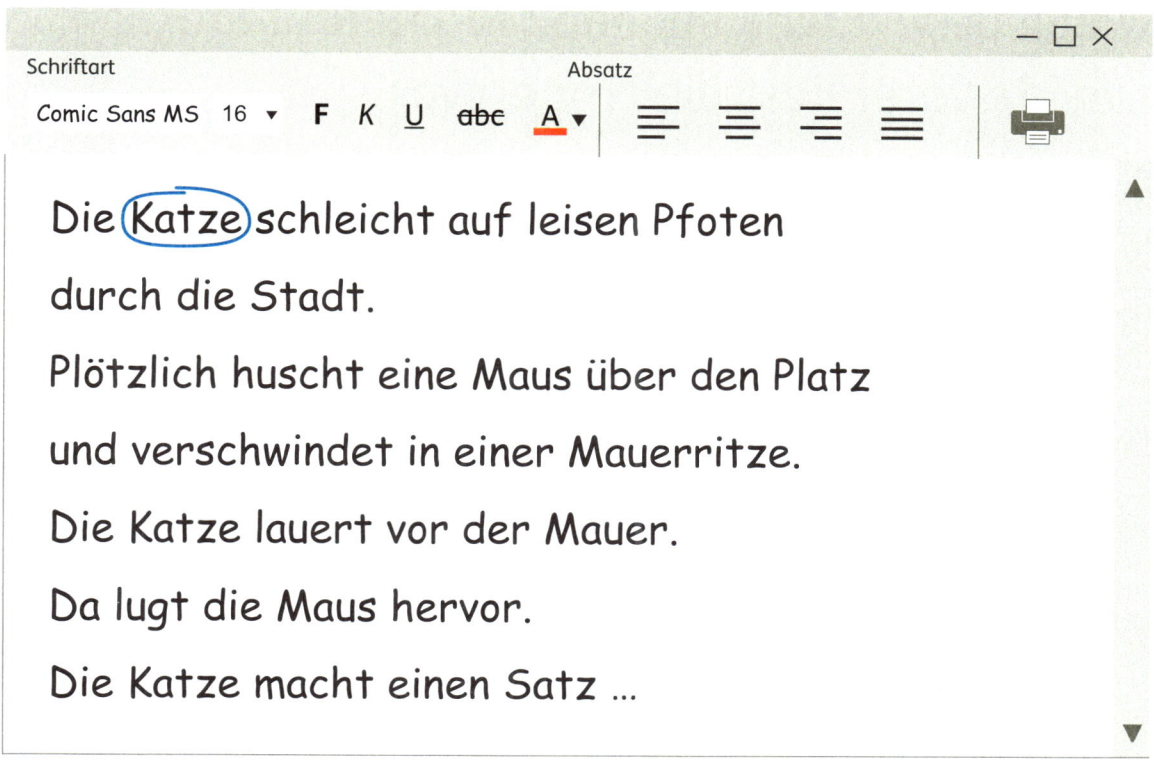

Schriftart   Absatz

Comic Sans MS 16 ▾ **F** *K* U̲ a̶b̶c̶ **A** ▾ ☰ ☰ ☰ ☰   🖨

Die (Katze) schleicht auf leisen Pfoten

durch die Stadt.

Plötzlich huscht eine Maus über den Platz

und verschwindet in einer Mauerritze.

Die Katze lauert vor der Mauer.

Da lugt die Maus hervor.

Die Katze macht einen Satz …

8 ✏ 🖍 Schreibe die Katzengeschichte weiter. Du kannst auch malen.

7 Text sinnerfassend lesen; Medienkompetenz
anbahnen (in Medien recherchieren,
am Computer schreiben) MK

8 malen und mit der Schreibtabelle schreiben
(kreativ Texte erstellen: eine Geschichte fortsetzen)

69

Viele Märchen

1 👓 ✏️ 📝 Lies, verbinde und schreibe.

David und Valerie spielen Märchenquiz.
Davids Vater liest die Fragen vor.

Wie viele Zwerge verstecken Schneewittchen?	

Wer will Hänsel und Gretel im Ofen braten?	

Wer verkleidet sich als Rotkäppchens Oma?	

Wie viele Tiere gehören zu den Bremer Stadtmusikanten?	

David ist ein Märchenexperte. Er gewinnt gegen Valerie.
Aber Valerie ist eine gute Verliererin und gratuliert ihm.

1 passende Sätze mit Bild verbinden, mit der Schreibtabelle schreiben

Computer

1 Lies.

Früher war ein Computer riesengroß
und so schwer wie fünf kleine Elefanten.
Heute sind Computer viel kleiner.
Viele Menschen haben auch ein
5 Tablet oder einen Laptop.
Diese Geräte kann man leicht mitnehmen.

Manche Leute arbeiten damit
auch unterwegs in der Bahn.
Mit dem Tablet kannst du
10 spielen, lernen und dich im
Internet informieren.
Du kannst auch
eine E-Mail versenden.

Nico sucht im Internet nach Cowboys.
15 Er findet heraus, dass Cowboys
auf wilde Kuhherden aufpassen.

2 Was machst du mit einem Laptop oder einem Tablet? Schreibe.

Eine Einladung

○ **1** 👓 Lies.

Carla und Viktor freuen sich.
Sie sind Zwillinge und haben am 7. März Geburtstag.
Sie planen eine Gruselparty.
Alle Freunde sollen kommen.
₅ Carla und Viktor schreiben eine Einladung.

● **2** 👓 ✏ Was passt? Lies und schreibe.

feiern	schön	trinken	euch	eine

Hallo, ihr gruseligen Wesen,

am 7. März _____ wir Geburtstag.

Dazu laden wir _____ herzlich ein.

Es wird _____ Gruselparty.

Verkleidet euch also _____ gruselig.

Wir _____ echtes Monsterblut.

Eure Gruselfreunde

Viktor Vampir und Carla von Gruselhagen

● **3** ✏✏ Gestalte selbst eine Einladung. Male und schreibe.

1 Text sinnerfassend lesen
2 Wörter und Text sinnerfassend lesen und Wörter
   passend einsetzen

3 malen und mit der Schreibtabelle schreiben
   (kreativ Texte erstellen: Einladung)

Das Märchenfest

○ **1**  Lies.

Max plant Spiele für sein Fest.

Frau Holle:
Jedes Kind braucht
einen Strohhalm und Watte.
5 Wer pustet seine Schneeflocke
am schnellsten ins Ziel?

Rapunzel:
Max versteckt gelbe Wollfäden.
Jedes Kind muss in fünf Minuten
10 die Fäden einsammeln und zusammenknoten.
Wer hat am Schluss die längsten Haare?

Hänsel und Gretel:
Aus Butterkeksen und Zuckerguss bauen
die Kinder Knusperhäuschen.
15 Mit Schokolinsen verzieren sie jedes Haus.

● **2**  Welche Spiele plant Max? Schreibe.

● **3**  Welches Spiel spielst du gerne? Erzähle.

1 Text sinnerfassend lesen
2 mit der Schreibtabelle schreiben
3 sich an Gesprächen beteiligen (ein Spiel erklären)

73

Schneewittchen

○ **1** 👓 ✏️ Lies. Findest du den Zauberspruch? Unterstreiche ihn.

Es waren einmal Schneewittchen,
seine Stiefmutter, ein Spiegel und sieben Zwerge.

Spieglein, Spieglein an der Wand,
wer ist die Schönste im ganzen Land?

₅ Frau Königin, Ihr seid die Schönste im Land!

Aber Schneewittchen wurde immer schöner.

Spieglein, Spieglein an der Wand,
wer ist die Schönste im ganzen Land?

Frau Königin, Ihr seid die Schönste hier.
₁₀ Aber Schneewittchen ist tausendmal
schöner als Ihr.

Ein Jäger soll Schneewittchen im Wald töten.

Lieber Jäger, bitte töte mich nicht.
Ich laufe in den Wald und komme nicht zurück.

₁₅ Schneewittchen kam an ein Häuschen mit
sieben kleinen Bettlein und ruhte sich aus.
Abends kamen die sieben Zwerge nach Hause.

1 Text sinnerfassend lesen, Informationen im Text suchen und unterstreichen

 Wer hat von meinem Tellerchen gegessen?
Wer hat in meinem Bettchen geschlafen?

 20 Ich bin Schneewittchen.
meine Stiefmutter will mich töten.

 Bleib hier, aber pass auf!

 Spieglein, Spieglein an der Wand,
wer ist die Schönste im ganzen Land?

 25 Frau Königin, Ihr seid die Schönste hier.
Aber Schneewittchen bei den sieben
Zwergen ist tausendmal schöner als Ihr.

Die Stiefmutter vergiftete Schneewittchen mit einem Apfel.
Die Zwerge legten Schneewittchen in einen Sarg.
30 Ein Königssohn wollte Schneewittchen mitnehmen.
Seine Diener stolperten mit dem Sarg.
Schneewittchen spuckte den Apfel aus und erwachte.
Der Königssohn und Schneewittchen heirateten.
Und wenn sie nicht gestorben sind,
35 dann leben sie noch heute.

nach den Brüdern Grimm

2 Lest das Märchen mit verteilten Rollen.

3 Spielt das Märchen nach.

Schifflein auf dem Bach

○ **1** 👓 Lies.

Ein hübsches Schifflein bauten wir,
ein schneeweißes Schifflein aus Papier.
Ist es auch klein,
so schwimmt es doch.
5 Es schwimmt auf dem Bach,
fährt immer noch.

Und kommt es nicht weit:
Ein kleines Stück
erlebte es
10 das Seefahrerglück.

Josef Guggenmos

● **2** ✏️ Was erlebt dein Schifflein? Male und schreibe.

1 Text (Gedicht) sinnerfassend lesen
2 zu dem Gedicht malen und schreiben (freies Schreiben)

Ein Schiff falten

○ **1** ᴏᴏ Lies.

1. Nimm ein Recht**eck**.
Fal**te** ei**nen** Hut.

  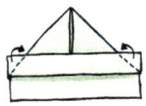

2. Le**ge** die Spit**zen**
über**ein**an**der** zum Qua**drat**.

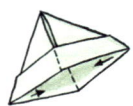

3. Bie**ge** die Spit**zen**
nach o**ben**.

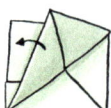 

4. Le**ge** die Spit**zen** wie**der**
über**ein**an**der** zum Qua**drat**.

5. Zie**he** die o**beren** Spit**zen**
aus**ein**an**der**.

Nun kann dein Schiff schwim**men**.

● **2** Falte dein Schiff.

1 Text sinnerfassend lesen (Gebrauchstexte verstehen: Bastelanleitung)
2 nach schriftlicher Anleitung basteln (Papierschiff)

77

ÜBEN
Wörter schreiben

der Computer
vor
das Mädchen
der Quatsch
die Hexe
sitzen

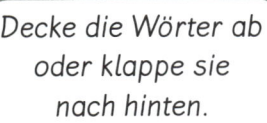

Decke die Wörter ab oder klappe sie nach hinten.

○ **1** ✏️ 👑 Schreibe Piris Wörter. Markiere die Könige (Vokale).

2 ✏️ Welches Wort passt? Lies und schreibe.

Taxi	Katze	Clown

Die _____ jagt eine Maus.

Opa ist im _____ .

Ivan ist ein _____ .

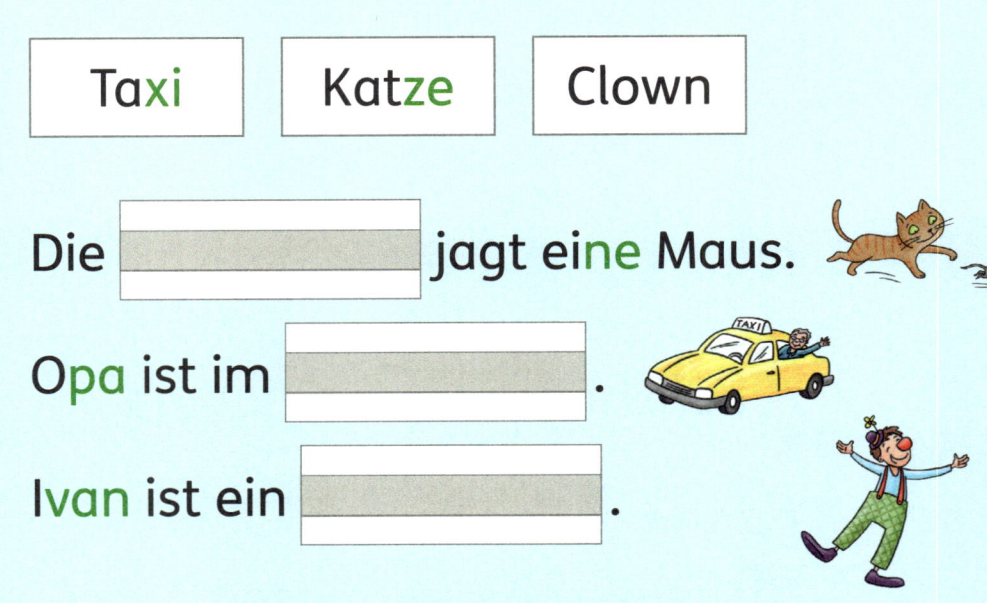

3 ✏️ ✏️ Schreibe die Wörter auf.

der Vampir	der Vater

😐 🙂

🔴 S. 18/19

1 Lernwörter schreiben und Könige markieren
2 passende Wörter in Sätze einsetzen (Verschiedenheit von Schreibung und Aussprache beachten)
3 Merkwörter richtig aufschreiben

ÜBEN
Wörter schreiben

○ **1** 🖊️ 👑🖌️ Schreibe Piris Wörter. Markiere die Könige (Vokale).

die Que**ll**e
der Cent
viel
der Va**ter**
der Satz

● **2** ✏️🖊️ Welche Märchenfiguren findest du?
Verbinde und schreibe.

Rit •	• che	

He •	• ter	

Dra •	• se	

Rie •	• xe	

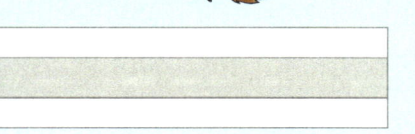

😐 🙂

 S. 20/21

1 Lernwörter schreiben und Silbenkerne markieren
2 Wörter aus Silben zusammensetzen

79

1 ⌣ ✎ Male Silbenbögen und schreibe.

Das Mädchen hat einen Marienkäfer.

Die Äffchen hängen an den Ästen und lachen.

2 👓 ✎ ✎ Was passt nicht? Lies, streiche durch und schreibe.

Eine Katze hat eine Fratze/Tatze .

Der Vater bekommt eine Spitze/Spritze .

1 Wörter schwingen und Sätze abschreiben
2 Sätze sinnerfassend lesen, Falsches durchstreichen und Sätze richtig aufschreiben

ÜBEN
Sätze lesen und schreiben

○ **1** Lies und verbinde.

Das ist ein Buch**sta**be. •	• **Lotta**
Das ist ei**ne** Sil**be**. •	• **Lotta lacht.**
Das ist ein Wort. •	• **L**
Das ist ein Satz. •	• **Lot**

Denke an die Lücke nach jedem Wort.

● **2** Lies. Mache nach jedem Wort einen Strich. Schreibe die Sätze richtig auf.

VordemFensterhängteinVorhang.

LucaliesteinenComicmitCowboys.

1 _✎ ✐_ Was machen die Kinder? Verbinde und schreibe.

lesen		

klatschen		

winken		

2 _👓 ✎ ✐_ Lies und verbinde. Schreibe die Sätze richtig auf.

Die Autos	haben	ihre Tatzen.
Die Katzen	putzen	bunte Blätter.
Die Bäume	fahren	auf der Straße.

3 _ab✐_ Unterstreiche in jedem Satz das Verb.

1 Bilder und Verben verbinden
2 Sätze als Sinneinheit erfassen, passend verbinden und aufschreiben
3 Verb im Satz unterstreichen

ÜBEN
b, d, g am Wortende

1 Schreibe und kreise b, d, g ein.

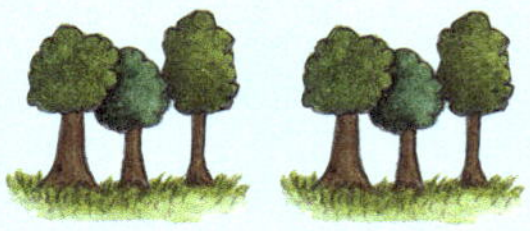 die Wälder 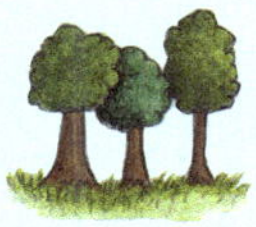 der Wald

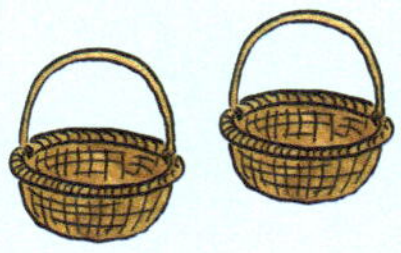 die Körbe 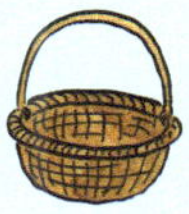 der

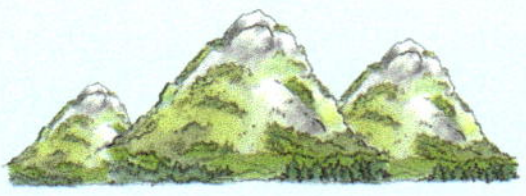 die Berge 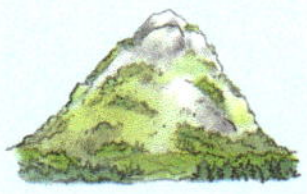 der

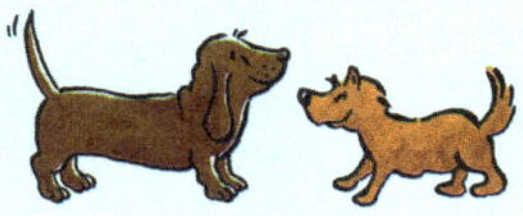 die Hunde 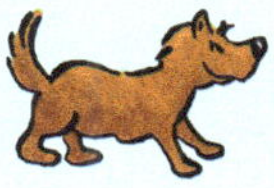 der

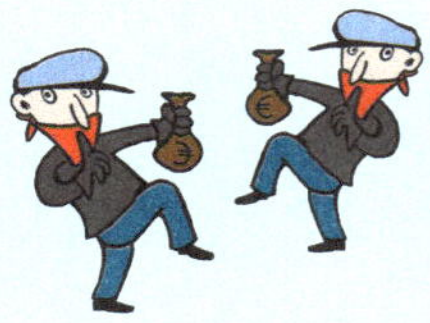 die Diebe 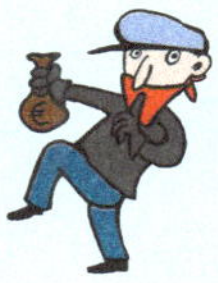 der

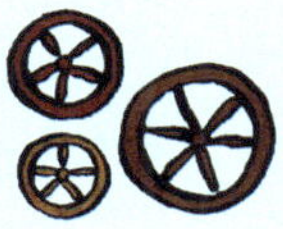 die Räder 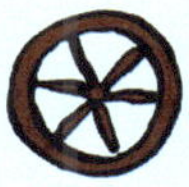 das

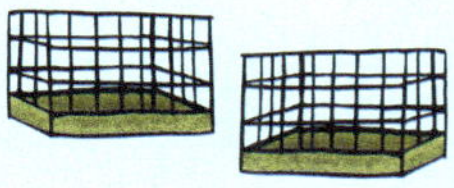 die Käfige 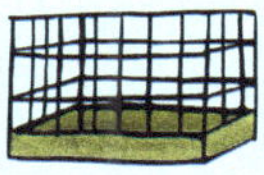 der

2 Was passt nicht? Lies und streiche durch.

Das Mädchen hat einen Ring/Rink .

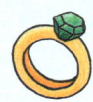

Die Hexe hat einen Korp/Korb .

Im Walt/Wald sind viele Bäume. 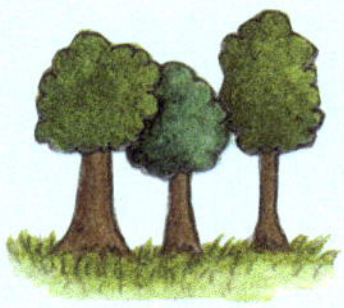

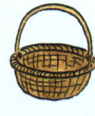

1 Wörter schreiben und Auslaut b, d, g einkreisen
2 Sätze sinnerfassend lesen und Falsches durchstreichen

Das kann ich

○ **1** ✏️ Wie heißt das Wort? Verbinde und schreibe.

Mäd •	• le	
Bo •	• corn	
Qual •	• chen	
Vul •	• ze	
Pop •	• xer	
Blit •	• kan	

● **2** 👓 ✏️ Lies und verbinde.

Katzen putzen das Fell
mit der Zunge. •

Katzen mögen einen Platz
in der Sonne. •

Katzen kratzen gern
am Kratzbaum. •

1 Wörter aus Silben zusammensetzen und aufschreiben
2 Sätze sinnerfassend lesen und mit passendem Bild verbinden

Das kann ich

1 ✎ Lies und verbinde. Schreibe die Sätze richtig auf.

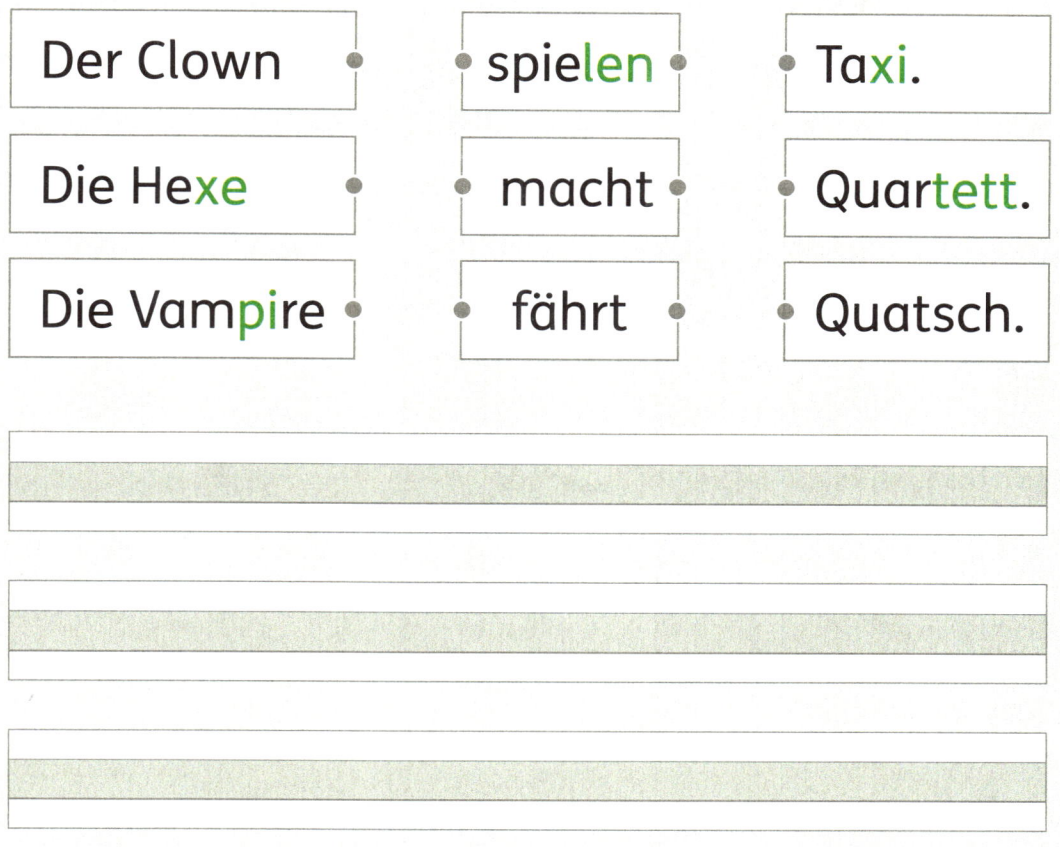

Der Clown	spielen	Taxi.
Die Hexe	macht	Quartett.
Die Vampire	fährt	Quatsch.

2 ✎ Lies und schreibe.

| sitzen | viel | Zähne | Marienkäfer |

Du musst sie täglich putzen.

Auf dem Stuhl kannst du ...

Er hat schwarze Punkte.

Das Gegenteil von wenig ist ...

Wörterliste

A a
aber
alle
arbeiten, sie arbeitet
das Auto, die Autos

B b
das Baby, die Babys
der Baum, die Bäume
die Biene, die Bienen
bringen, er bringt
das Buch, die Bücher
bunt

C c
der Cent, die Cents
der Clown, die Clowns
der Computer, die Computer

D d
dick
die Dose, die Dosen
dürfen, sie darf

E e
das Eis
ein, eine
die Ente, die Enten
der Euro, die Euros

F f
fein
das Fenster, die Fenster
der Freund, die Freunde
die Freundin, die Freundinnen

für
der Fuß, die Füße

G g
geben, er gibt
das Gemüse
groß

H h
haben, sie hat
das Haus, die Häuser
die Hexe, die Hexen
hören, er hört

I i
ich
der Igel, die Igel
er ist

J j
ja
das Jahr, die Jahre
jeder, jede
der Junge, die Jungen

K k
die Katze, die Katzen
die Klasse, die Klassen
kommen, sie kommt

der König, die Könige
können, er kann
der Kopf, die Köpfe
der Korb, die Körbe

L l
das Lama, die Lamas
lang
laufen, sie läuft
lernen, er lernt
lesen, sie liest
das Lexikon, die Lexika
lieben, er liebt
die Leute

M m
machen, sie macht
das Mädchen, die Mädchen
das Märchen, die Märchen
die Maus, die Mäuse
mit
müssen, er muss

N n
der Name, die Namen
neu
nicht

Die Wörterliste ist wie ein kleines Wörterbuch. Die Wörter sind nach dem Alphabet geordnet.

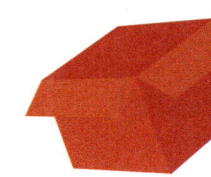

O o

    oft
die Oma, die Omas
der Opa, die Opas

P p

die Pflanze,
     die Pflanzen
der Platz, die Plätze

Qu qu

der Quatsch
die Quelle, die Quellen

R r

die Raupe, die Raupen
    rechnen, er rechnet
der Riese, die Riesen
der Ring, die Ringe
    rufen, er ruft

S s

der Satz, die Sätze
die Schere, die Scheren
die Schlange,
     die Schlangen

    schneiden,
     er schneidet
    schreiben,
     sie schreibt
die Schule, die Schulen
    sieben
    singen, er singt

T t

das Taxi, die Taxis
der Teddy, die Teddys
das Tier, die Tiere
das Tor, die Tore
der Traum, die Träume
    träumen, sie träumt

U u

    üben, er übt
    und
    unter

V v

der Vater, die Väter
    versuchen,
     sie versucht
    viel
der Vogel, die Vögel
    vor

W w

    weil
    weiter
die Wiese, die Wiesen
der Winter
    wollen, er will
das Wort, die Wörter
    wünschen,
     sie wünscht

X x

das Xylofon,
     die Xylofone

Y y

das Yak, die Yaks
das Yoga

Z z

    zählen, er zählt
der Zahn, die Zähne

---

1 👁 ✏ Finde zu jedem Buchstaben in „Wiesel" ein Wort in der Liste. Schreibe.

Auf in die Sommerferien!

Was packst du in deinen Koffer? Male.

Hast du auch nichts vergessen?
Mache eine Liste.

Ich packe in meinen Koffer:

1.

2.

3.

...

Inhalt Teil A

Inhalt Teil B

Inhalt Teil C

Üben-Seiten zum Schreiben   Üben-Seiten zum Lesen   Üben-Seiten Piris Wörter

Wünschen und träumen

○ **1** 👄 Beschreibe das Bild.

○ **2** ✏️ ✏️ Wovon träumst du? Male oder schreibe.

1 zum Bild erzählen, sich an Gesprächen beteiligen, über Lernen
sprechen (Wortschatz zu einem Thema anwenden: Wünsche, Träume)
2 zum Bild malen oder schreiben

○ **1** ✎ Schreibe.

K   K   K
  K   K

k   k   k
  k   k

K   K

k   k

K k   K k

Kamel

kalt

kochen

K und k
wie in 🦜

K k

K k

○ **2** ⌀⌀ Kreise (K̄) und (k̀) ein. Zähle und schreibe.

> Kamel Kuni kann kleine Kekse knabbern.
>
> Kater Kalle kocht mit Katze Kitti klebrige Knödel.

3 ✏ ✗⌀ Hörst du K, k im Wort? Kreuze an.

☐ ☐ ☐ ☐

4 ✏ ⌀ In welcher Silbe klingt K, k? Höre und schreibe K, k.

| K | ☐ | | ☐ | k | ☐ | | ☐ | ☐ |

☐ ☐   ☐ ☐   ☐ ☐

⭐

☐ ☐ ☐

⭐

☐ ☐ ☐ ☐

2 Buchstaben erkennen (optische Diskriminierung)
3 Laute erkennen (akustische Diskriminierung)
4 Laute Silben zuordnen (akustische Diskriminierung)

K k

5  Schwinge und schreibe. Markiere die Könige (Vokale).

6 Wie heißt das Wort? Verbinde und schreibe.

Kro •	• ka •	• dil
Ka •	• kos •	• du
Ko •	• ko •	• nuss

7 Lies und verbinde.

 kann ko**chen**.    kann klet**tern**.

 kann knab**bern**.    kann kell**nern**.

5 Wörter schwingen, mit der Schreibtabelle schreiben
  und Silbenkerne markieren
6 Wörter aus Silben zusammensetzen und schreiben

7 Sätze sinnerfassend lesen und mit passendem Bild
  verbinden

5

K k

8 Lies und verbinde.

Ich kann ko**chen**.

Ich kann Mu**si**k ma**chen**.

Ich kann im In**ter**net su**chen**.

Ich ken**n**e **a**lle Krebs**a**rten.

Ich kümmere mich gern um kranke Menschen.

Ich möch**te** am Meer ar**bei**ten.

Ich su**che** nach Ka**me**len.

9 Was kannst du gut? Schreibe.

8 Sätze sinnerfassend lesen und mit passendem Bild verbinden;
Medienkompetenz anbahnen (im Internet recherchieren) MK
9 mit der Schreibtabelle schreiben (freies Schreiben)

○ **1** ✎ Schreibe.

Sch   Sch

sch   sch

Sch sch   Sch sch

Schaf

schon

Rutsche

> *Sch* und *sch* wie in
> **Schnick-schnack-schnuck**

Sch sch

○ **2** ✎✎ Kreise (Sch) und (sch) ein. Zähle und schreibe.

| Schlaue Schweine schlafen nachts. |
| Sie schnarchen aber schrecklich. |

Sch sch

1 Buchstabenverbindung und Wörter nachspuren und schreiben
2 Buchstaben erkennen (optische Diskriminierung)

Sch sch

3 🖉 ✗✎ Hörst du Sch, sch im Wort? Kreuze an.

☐ ☐ ☐ ☐

4 🖉 ✎ In welcher Silbe klingt Sch, sch? Höre und schreibe Sch, sch.

5 ᨈ ✎ 👑✎ Schwinge und schreibe. Markiere die Könige (Vokale).

3 Buchstaben erkennen (optische Diskriminierung)
4 Laute erkennen (akustische Diskriminierung)

5 Wörter schwingen, mit der Schreibtabelle schreiben
und Silbenkerne markieren

6 ✐ Lies und verbinde.

Schnee**ball** •
Schnee**mann** •
Schu**le** •
Schnee •
Schlit**ten** •
Rut**sche** •
Schal •
Ta**sche** •
Schild •
Schau**kel** •
Schau**fel** •
Schirm •

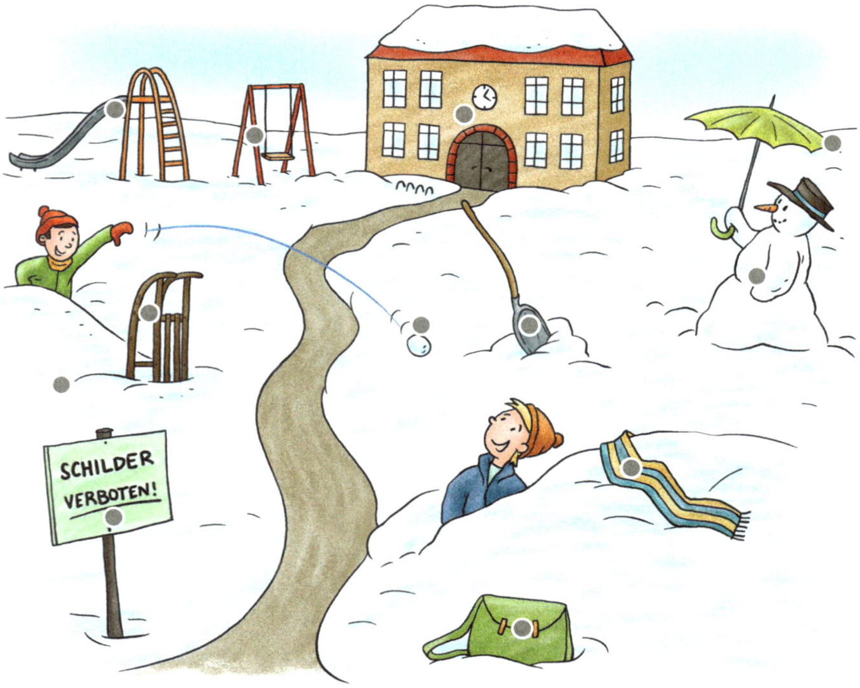

SCHILDER VERBOTEN!

7 ✎ Was machst du gerne im Schnee? Schreibe.

 **D d**

○ **1** 🖉 Schreibe.

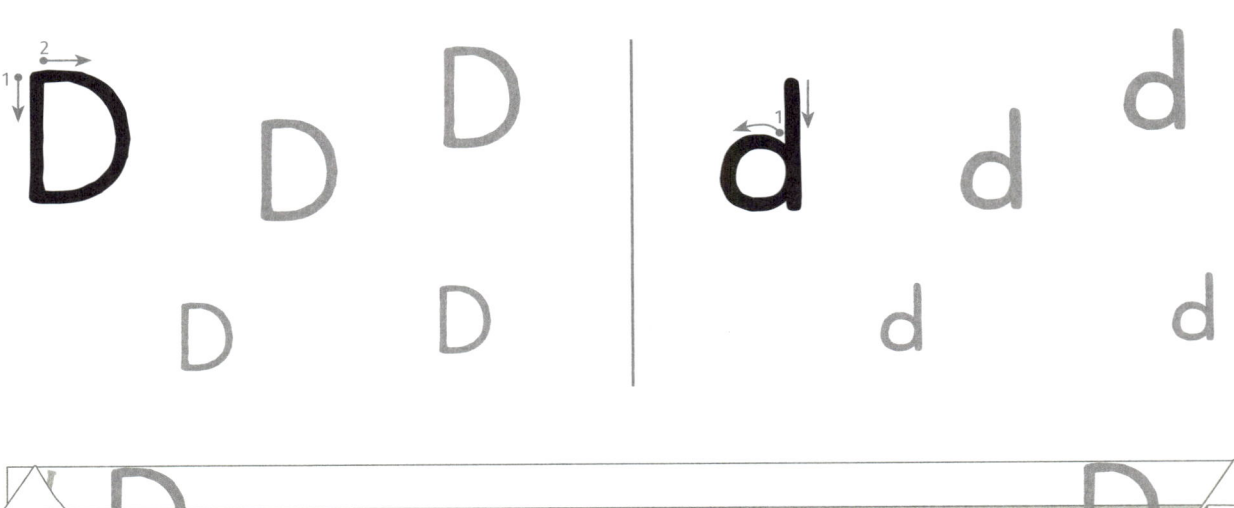

D   D

d   d

D d   D d

Dino

bald

Dusche

D d

D wie in 🚿

d wie in 📻

10   1 Buchstaben und Wörter nachspuren und schreiben

D d

2  Kreise (D) und (d) ein. Zähle und schreibe.

> D B D B D d b d b D B C D B O D d b d b
>
> Drei dünne Dackel düsen daddelnd durch das Dorf.

D	d

3 Hörst du D, d im Wort? Kreuze an.

☐   ☐   ☐   ☐

4 In welcher Silbe klingt D, d? Höre und schreibe D, d.

2 Buchstaben erkennen (optische Diskriminierung)
3 Laute erkennen (akustische Diskriminierung)
4 Laute Silben zuordnen (akustische Diskriminierung)

11

D d

5 〰 📝 👑🖊 Schwinge und schreibe. Markiere die Könige (Vokale).

6 🖊🖊 Wie heißt das Wort? Verbinde und schreibe.

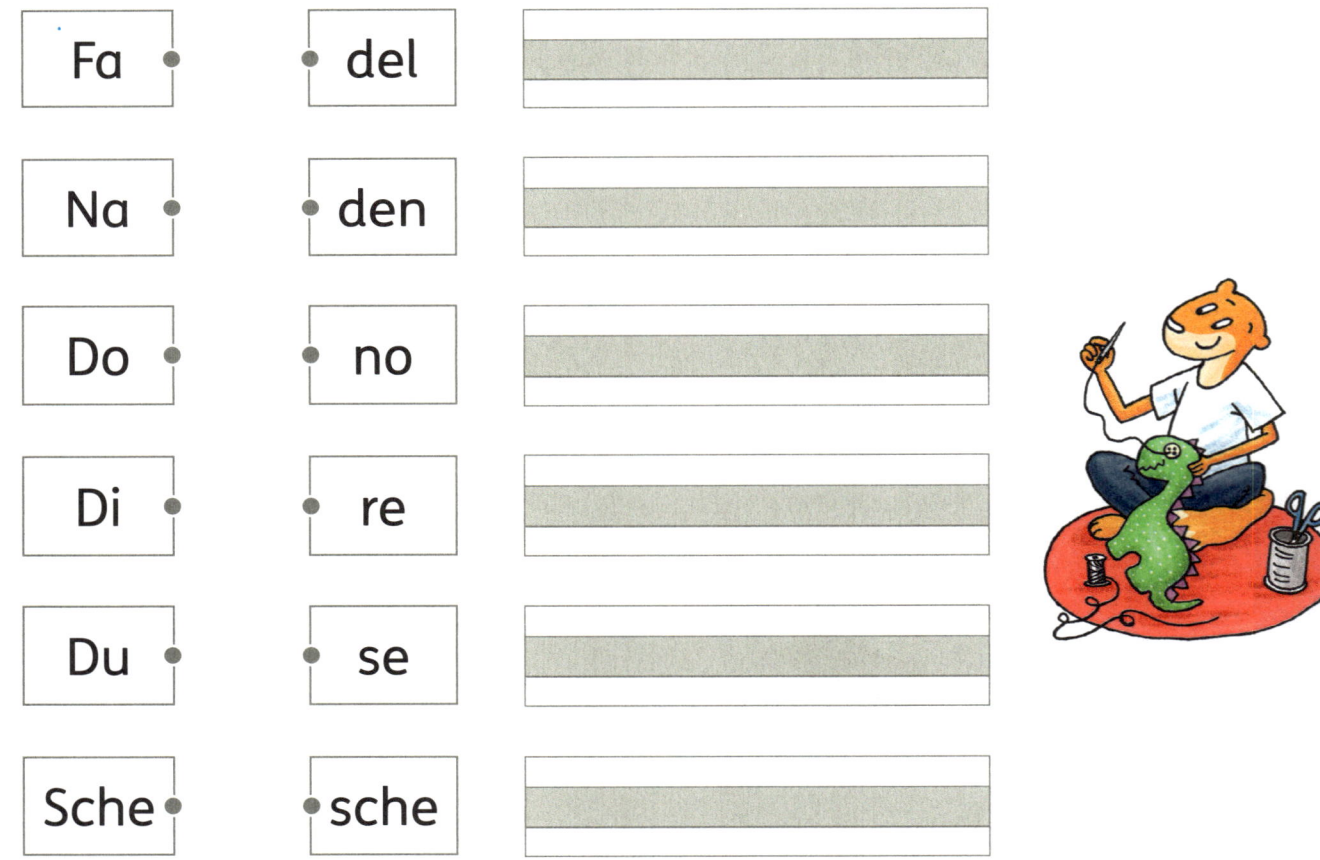

Fa •	• del
Na •	• den
Do •	• no
Di •	• re
Du •	• se
Sche •	• sche

5 Wörter schwingen, mit der Schreibtabelle schreiben und Silbenkerne markieren
6 Wörter aus Silben zusammensetzen und schreiben

D d

| ○ **der** | ✕ **die** | □ **das** |

○ **7** 👄 ✏ Der, die oder das?
Sprich das Wort mit Artikel und schreibe ○, ✕ oder □.

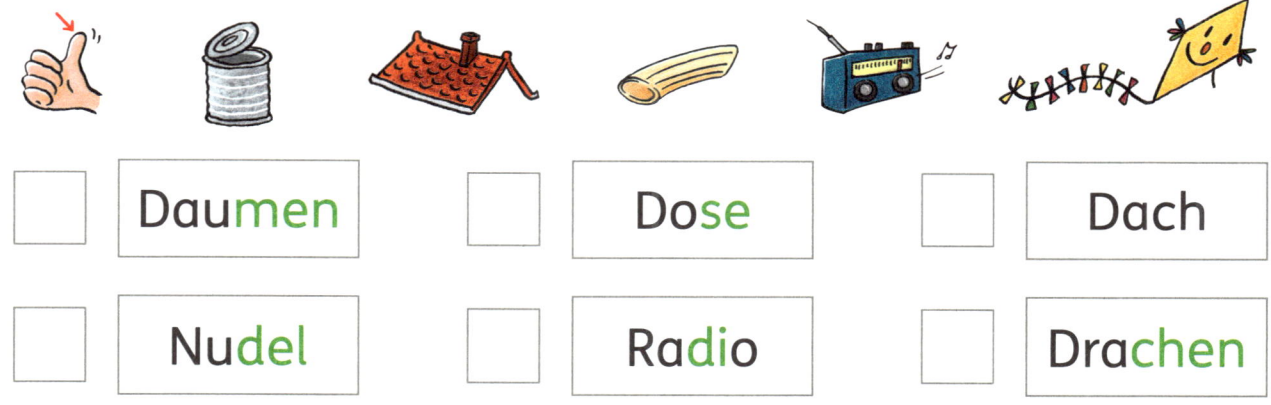

| | Dau**men** | | Do**s**e | | Dach |
| | Nu**del** | | Ra**dio** | | Dra**chen** |

○ **8** ✏ Schreibe ○, ✕ oder □ und den Artikel.

⬜ Fledermaus

⬜ Delfin

⭐ ⬜ Krokodil

D d

9 🎧✏️ Was reimt sich? Höre und schreibe D oder T.

Fisch   Kasse   Rose

_T_isch   ___asse   ___ose

Flasche   Sachen   Kanne

___asche   ___rachen   ___anne

10 🎧✏️ Hörst du D, d oder T, t im Wort? Schreibe.

___ino   ___ube   ___opf

___elfin   ___asse   ___ose

___rommel   Tor___e   Fens___er

11 ✏️ Schreibe die Wörter aus Aufgabe 10 auf. Kreise D, d und T, t ein.

9 Reimwörter erkennen und Anlaute passend einsetzen
10 ähnlich klingende Laute unterscheiden (akustische Diskriminierung)

11 Wörter aufschreiben und ähnlich klingende Laute einkreisen

D d

● **12** Was ist richtig? Lies und kreuze an.

	☐ Alle Kinder paddeln.
	☐ Alle Kinder baden.
	☐ Alle Kinder buddeln.
	☐ Alle Kinder duschen.

● **13** Lies, schreibe und male.

Das Raumschiff düst los.

Das Raumschiff landet auf dem Mond.

Ein Mann klettert heraus.

Ist das der Mann im Mond?

12 passende Sätze zum Bild ankreuzen
13 Text sinnerfassend lesen, malen und Sätze schreiben

○ **1** ✎ Schreibe.

Au   Au

au   au

Au au   Au au

Auto

Maus

graue Mäuse

Au au
äu

○ **2** ✎✎ Kreise (Au) und (au) ein. Zähle und schreibe.

Faultiere baumeln im Traum
am Sauerkirschbaum
oder sie faulenzen in der Sauna.

| Au | au |

1 Buchstabenverbindung und Wörter schreiben
2 Buchstaben erkennen (optische Diskriminierung)

3 🗣 ✗✏ Hörst du Au, au im Wort? Kreuze an.

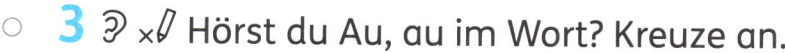

☐　　☐　　☐　　☐

4 🗣 ✏ In welcher Silbe klingt Au, au? Höre und schreibe Au, au.

☐☐　　☐☐　　☐☐

⭐ ☐☐☐　　　⭐ ☐☐☐☐

5 ⌣ ✏ 👑✏ Schwinge und schreibe. Markiere die Könige (Vokale).

☐　　　✗　　　○

⭐ ○　　　⭐ ○

6 Lies und verbinde.

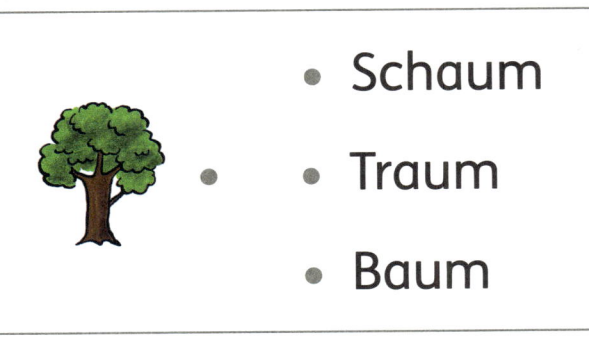

- Schaum
- Traum
- Baum

- Klaus
- Maus
- Laus

- auf
- im
- am

- auf
- im
- am

7 Kreuze an und male an.

- ☐ Baum
- ☐ Tau**be**
- ☐ Braut
- ☐ Au**to**
- ☐ Maus
- ☐ Frau
- ☐ Mau**er**
- ☐ Laub
- ☐ Rauch
- ☐ Haus

6 passende Wörter mit Bild verbinden
7 Wörter sinnerfassend lesen und Bild passend ausmalen

 **Au au**

8 Lies und verbinde.

Alle träumen

Lotta träumt 	von Dinos.
Sascha träumt 	von Raupen.
Laurens träumt 	von Astronauten.
Dominik träumt 	von Delfinen.
Frauke träumt 	von Monstern.

9 Schreibe die Sätze aus Aufgabe 8 richtig auf.

○ **10** Lies. Kreise alle Wörter mit (au) und (äu) ein.

Maro (träumt) im Unterricht.

Er träumt, die Kinder sind Räuber.

Sie liegen faul am Feuer und haben dicke Bäuche.

Im Laub der alten Bäume rauscht der Wind.

5 Die Räuber leben in einem alten Haus im Wald …

Auf einmal klatscht Frau Säuerlich laut in die Hände:

Maro, was träumst du schon wieder?

● **11** Im Bild verstecken sich zwei Mäuse. Wo sind sie? Schreibe.

10 Text sinnerfassend lesen, Wörter mit au und äu erkennen
11 mit der Schreibtabelle schreiben (freies Schreiben)

12  Wie heißt das Wort? Verbinde und schreibe.

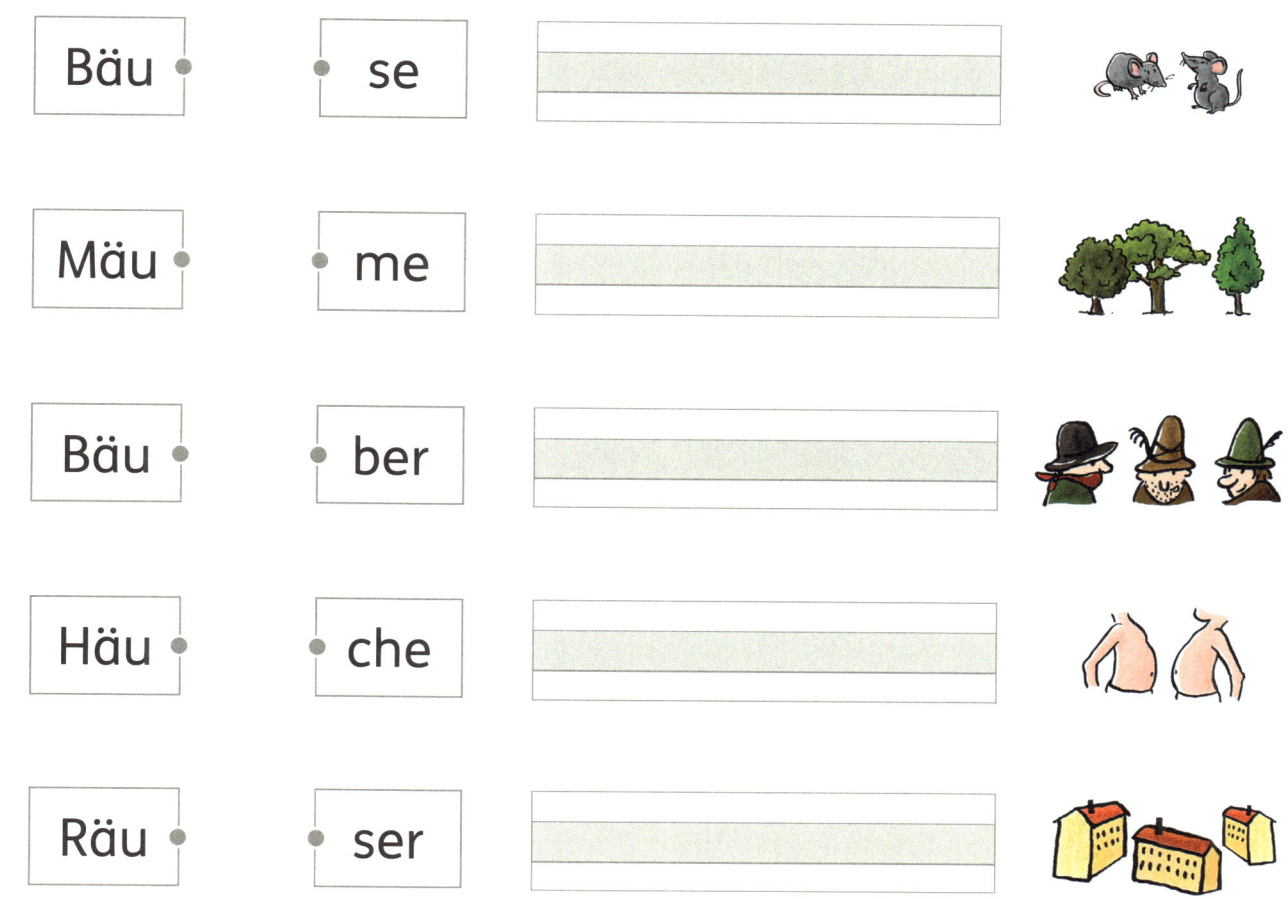

Bäu	•	•	se		
Mäu	•	•	me		
Bäu	•	•	ber		
Häu	•	•	che		
Räu	•	•	ser		

13 Lies. Mache nach jedem Wort einen Strich.
Schreibe den Satz richtig auf.

RäuberhabenLäuseamBauchundMäuseimHaus.

W w

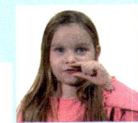

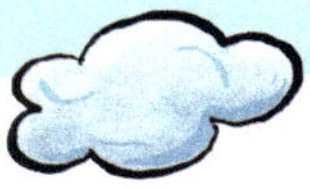

○ **1** Schreibe.

W w W W w w

w W w w w

W W

w w

W w W w

Wal

weil

Wolke

W und **w** sind unten ganz spitz.

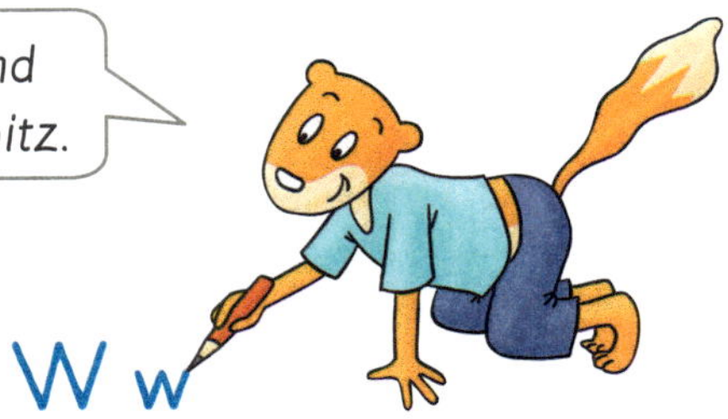

1 Buchstaben und Wörter nachspuren und schreiben

2 Kreise Ⓦ und ⓦ ein. Zähle und schreibe.

M W v u w W U m v W M W U V w m W v w

Wanda **W**ald**a**meise **w**an**d**ert **w**eit durch
den **w**il**d**en ver**w**unsche**n**en **W**ald.

W	w

3 Hörst du W, w im Wort? Kreuze an.

☐   ☐   ☐   ☐

4 In welcher Silbe klingt W, w? Höre und schreibe W, w.

2 Buchstaben erkennen (optische Diskriminierung)
3 Laute erkennen (akustische Diskriminierung)   23
4 Laute Silben zuordnen (akustische Diskriminierung)

5 ⌣ ✑ 👑✐ Schwinge und schreibe. Markiere die Könige (Vokale).

×

×

○

☐

○ ★

× ★

6 👓 ✐ Lies und schreibe.

| Wurst | Kiwi | Wurm | Waffel |

Der Löwe will eine _____ .

Der Maulwurf will einen _____ .

Das Schwein will eine _____ .

Wanda will eine _____ .

5 Wörter schwingen, mit der Schreibtabelle schreiben und Silbenkerne markieren
6 passende Wörter in Sätze einsetzen

7 👓 ✏️ Lies. Kreise Ⓦ und Ⓦ ein.

Ein Wunsch ist frei

Maro will schlafen.

Auf einmal ist da ein kleiner Wichtel.

Maro wundert sich: „Das muss ein Traum sein!"

Der Wichtel winkt: „Ich bin Wichtel Willi.

₅ Du hast einen Wunsch frei."

Am Morgen wacht Maro auf.

Wichtel Willi ist weg.

Aber neben dem Kissen liegen neue Torwarthandschule.

8 ✏️ 📝 Was wünschst du dir von Wichtel Willi? Male und schreibe.

Mein Wunschzettel

○ **1** 🖊 Schreibe.

Ü   Ü

ü   ü

Ü ü   Ü ü

fünf

Küken

Gemüse

Ü ü

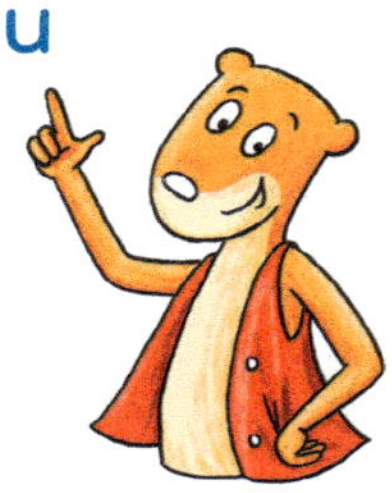

○ **2** 🖊🖊 Kreise Ü und ü ein. Zähle und schreibe.

Fünf hübsche Küken hüpfen übermütig

über fünf grüne Hügel und Büsche.

Ü	ü

3 🔊 ✗✎ Hörst du Ü, ü im Wort? Kreuze an.

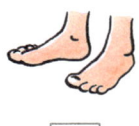
☐

☐

☐

☐

4 🔊 ✎ In welcher Silbe klingt Ü, ü? Höre und schreibe Ü, ü.

⭐

⭐

5 〰 ✎ 👑✏ Schwinge und schreibe. Markiere die Könige (Vokale).

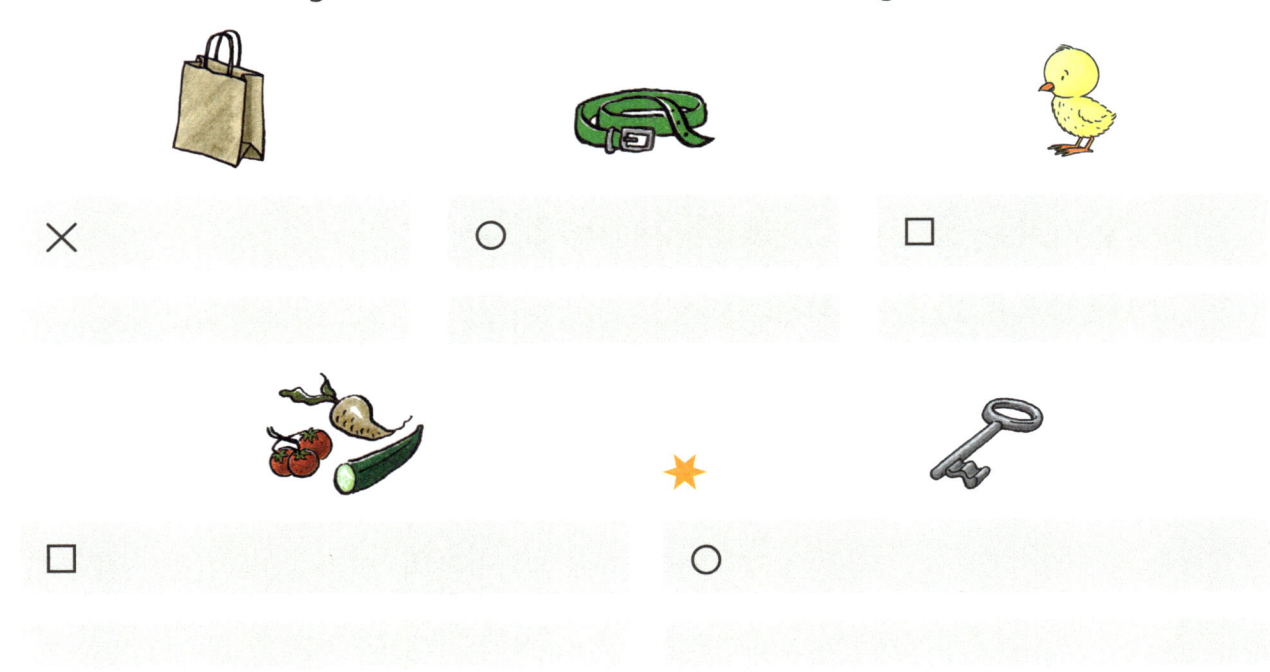

6 u oder ü? Schwinge und schreibe.
Markiere die Könige (Vokale).

☐

✕

○

7 Was ist richtig? Lies und kreuze an.

                                                ☺ ☹

Piri ist ein Küken.   ☐ ☐

Kühe würfeln Würste.   ☐ ☐

Im Kühlschrank liegt der Füller.   ☐ ☐

Über den Fluss führt eine Brücke. ☐ ☐

6 Wörter schwingen, mit der Schreibtabelle schreiben und Silbenkerne markieren
7 Sätze sinnerfassend lesen und überprüfen

○ **8**  Lies und verbinde.

Alle üben

Maro soll keinen Ball ins Tor lassen. Er übt mit Tülin.

Lotta will mit Büsra lesen üben. Beide sind in der
5 Bücherei. Büsra nimmt ein Buch über Türme.

Jürgen spielt mit seinem Papa. Er würfelt und lacht: „Gewonnen!"

10 Papa sagt: „Morgen spielen wir noch einmal. Vielleicht habe ich dann mehr Glück!".

○ **9** Kreise alle Wörter mit ü ein. Schreibe sie auf.

Im Traum

○ **1** 👓 ✏️ Lies und verbinde.

Im Traum ist Klaus
ein Autor.
Er denkt sich
einen Krimi aus.

₅ Im Traum taucht Frauke
mit Delfinen.
Frauke mag Delfine sehr.

Laurens träumt oft
von Monstern.
₁₀ Er mag seine Träume
nicht.
Sein Papa schenkt ihm einen
Traumfänger.

● **2** ✏️ Wer bist du selbst im Traum? Schreibe.

1 Text sinnerfassend lesen und mit passendem Bild verbinden
2 mit der Schreibtabelle schreiben (freies Schreiben)

Wunschberufe

1 👓 ✏️ Lies und verbinde.

> Lotta will Astronautin werden
> und Kometen beobachten.

> Leon mag Bratwurst.
> Er will Fleischer werden.

> 5 Alma kann tolle Bilder malen.
> Sie will Malerin werden.
> Alma geht oft ins Museum.

> Otto will im Büro arbeiten
> wie sein Papa. Er ist Architekt*.

> 10 Faruk will Richter werden.
> Er mag es nicht, wenn Menschen
> ungerecht behandelt werden.

* Ein Architekt plant, wie Gebäude aussehen sollen.

2 ✏️✏️ Unterstreiche alle Berufe. Schreibe sie auf.

1 Text sinnerfassend lesen und mit passendem Bild verbinden
2 Berufsbezeichnungen im Text unterstreichen und aufschreiben

31

Traumreise

1 ⌒ Lies.

Es ist leise. Keiner lacht.
Maro lauscht.
Musik ist im Klassenraum, leise Musik.
Frau Willer macht mit der Klasse
5 eine Traumreise.
Ole ist in seinem Traum
auf einer Insel im blauen Meer.

Alma träumt von einem Bauernhof.
Dort kann sie Tiere füttern.
10 Am Nachmittag spielt sie
mit den Hunden.
Manchmal darf sie auf
Lotte reiten.
Dabei weht ihr der Wind um die Nase.
15 Das ist wunderschön.

Nur Nenas Augen sind
geschlossen.
Nena träumt von
einer Unterwasserwelt
20 und bunten Fischen.

2 ✏ Male ein Bild zu dem Text.

1 Text sinnerfassend lesen
2 zum Text malen

Träume sind Schäume

1 👓 Lies.

Ich hab
von einem Geist
geträumt.

Der hat
5 mein Zimmer
aufgeräumt.

Doch doof war's
danach aufzuwachen,
denn jetzt muss ich
10 es selber machen.

(Sagt meine Mama.)

Michael Augustin

2 ✏️ 📝 Was macht ein Geist in deinem Traum? Male oder schreibe.

3 👄 👥 Lerne das Gedicht auswendig. Trage es betont vor.

1 Text (Gedicht) sinnerfassend lesen
2 zum Text malen oder mit der Schreibtabelle schreiben
3 Gedicht auswendig lernen und betont vortragen

33

Traumfänger basteln

● **1** 👓 Lies.

Du brauchst:

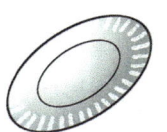      

Pappteller Wolle Federn Perlen Schere Locher Stifte

1. Schneide einen Kreis aus.

2. Bemale und loche den Pappring.

3. Spanne Dreiecke mit farbiger Wolle.

4. Fädle Perlen auf Wollfäden.
   Knote die Wollfäden an den Rahmen.

5. Verziere deinen Traumfänger.

● **2** 👄 👥 Wie wird der Traumfänger gebastelt? Erzähle.

● **3** Bastele deinen Traumfänger.

1 Text sinnerfassend lesen (Gebrauchstexte verstehen: Bastelanleitung)

2 sprechen (eine Anleitung erklären)
3 einen Traumfänger nach Anleitung basteln

Überall sind Kinder

1 👓 ✏️ Lies und male an.

Lilli schaukelt.

Da ist eine braune Bank.

Da ist auch eine rote Rutsche.

Neben der Bank ist ein blauer Mülleimer.

5 Maro und Tim sind sauer.

Maro will Tims braune Schaufel.

Lea und Anna bauen einen Turm aus Sand.

Dominik ist auf der Rutsche.

Er hat eine schwarze Kappe.

1 Text sinnerfassend lesen und Bild passend ausmalen

35

So ein Unsinn

○ **1** 👓 ✏️ Lies und male an.

Piri ist im Kostüm.

Sein Rüssel ist blau.

Sein Mantel ist lila.

Sein Tuch ist rosa.

₅ Piri hat Flügel.

Sein Hut ist rot.

◑ **2** 👓 ✏️ Wie viele Unsinnswörter findest du?
Kreise ein und zähle.

Es ist Fasching.

Alle Kinder haben ein (Usotüm) an.

Lotte ist eine Fellmonautin.

Nele hat einen Tups auf der Murke.

₅ Ihr rosa Klamotto hat große Blubbern.

So ein Pips!

1 Text sinnerfassend lesen und Bild passend ausmalen
2 Text sinnerfassend lesen und Unsinnswörter einkreisen

ÜBEN
Wörter schreiben

○ **1** 🖊 👑🖊 Schreibe Piris Wörter. Markiere die Könige (Vokale).

□ Au**to**
üben
× Sche**re**
wei**ter**
für
schrei**ben**

◔ **2** ✏🖊 👑🖊 Wie heißt das Wort? Verbinde und schreibe.
Markiere die Könige (Vokale).

rech •	• den

re •	• ben

lau •	• nen

schrei •	• fen

Decke die Wörter ab oder klappe sie nach hinten.

Male passend an.
Das muss ich noch üben: 😐
Das kann ich gut: 🙂

😐 🙂

🟥 S. 6/7

1 Lernwörter schreiben und Silbenkerne markieren
2 Wörter aus Silben zusammensetzen und schreiben

ÜBEN
Wörter schreiben

○ **1** ✏️ 📏✏️ Schreibe Piris Wörter. Markiere die Könige (Vokale).

● **2** ✏️ Was reimt sich? Verbinde.

Maus	Mutter	Mund

● **3** ✏️ ○✏️ Schreibe die Reimwörter aus Aufgabe 2 auf. Kreise die Anfangsbuchstaben ein.

○ Win**ter**
wün**schen**
weil
✕ Do**se**
schnei**den**
ler**nen**

> *Decke die Wörter ab oder klappe sie nach hinten.*

😐 😊

 S. 8/9

1 Lernwörter schreiben und Silbenkerne markieren
2 Bild und Reimwort verbinden (phonologische Bewusstheit)
3 Reimwörter aufschreiben und Anfangsbuchstaben einkreisen

ÜBEN
Wörter und Sätze schreiben

1 ✐ Lies und schreibe.

Nüsse

Bücher

Würste

Mama kauft _____.

Die _____ sind im Schrank.

Piri schüttelt die _____ vom Baum.

2 ✐ Was ist richtig? Lies, kreise ein und schreibe.

	Ella wünscht sich Fische. Ella wünscht sich Tische.	Träu Zau
	Der Koch hat eine Krone. Der Koch hat eine Melone.	Le me

Lösungswort: _____

3 ✐ Schreibe die richtigen Sätze aus Aufgabe 2 ab.

_____

_____

_____

1 passende Wörter in Sätze einsetzen
2 passende Sätze dem Bild zuordnen, Wort aus Silben
   zusammensetzen und aufschreiben
3 Sätze richtig abschreiben

39

ÜBEN
Wörter und Sätze schreiben

1 ✎ 👑✎ Schreibe den Satz ab. Markiere die Könige (Vokale).

Fünf Mäuse hüpfen über alte Häuser.

2 ✎ Was gehört zusammen?
Schreibe die Sätze richtig auf.

> Denke an den Punkt.

Die Kinder	brüllt	Lutscher.
Das Monster	naschen	in der Nacht.

3 ✎ Kreise den Satzanfang und den Punkt am Satzende ein.

1 Satz abschreiben und Silbenkerne markieren
2 Sätze als Sinneinheit erfassen und aufschreiben
3 Satzanfang und Satzschlusszeichen einkreisen

1 Lies. Mache nach jedem Wort einen Strich. Schreibe die Sätze richtig auf.

Denke an die Lücke nach jedem Wort.

Koch|KunikochtKnödel.

JürgenwürfeltmitBüsra.

DinosduschennichtinderDusche.

NataschanaschtKeksemitSchokolade.

ÜBEN
Sätze lesen und schreiben

1 ✎ Lies und verbinde.

Piri mag	• Läuse.
Maro träumt	• einen Haufen.
Die Räuber haben	• kleine Küken.
Der Maulwurf buddelt	• in der Nacht.
Fledermäuse fliegen	• von Wichtel Willy.

2 ✎ Schreibe die Sätze aus Aufgabe 1 richtig auf.

1 Sätze als Sinneinheit erfassen
2 Sätze richtig aufschreiben

○ **1**  Was ist richtig? Lies und kreuze an.

☐ Fle**der**läu**se**	
☐ Fle**der**mäu**se**	

☐ Schläu**che**	
☐ Bäu**che**	

● **2** Lies. Mache nach jedem Wort einen Strich.
Schreibe die Sätze richtig auf.

au – äu

Fledermaus

Fledermäuse

AchtMäuseträumen.

KleineLäusesäuselnleise.

MaromaltdemPiriÄuglein.

RäuberlebennichtaufBäumen.

ÜBEN
der, die, das

○ **1** 👓✏ Schreibe der ○, die ✕ oder das □.

☐ Fenster	☐ Rakete	☐ Affe
☐ Kirsche	☐ Riese	☐ Krokodil
☐ Bett	☐ Koffer	☐ Biene
☐ Lutscher	☐ Auto	☐ Schere

○ **2** ✏ Schreibe die Wörter aus Aufgabe 1 mit Artikel auf.

1 Artikel (der, die, das) Nomen richtig zuordnen
2 Nomen mit Artikel aufschreiben

ÜBEN
der, die, das

1 🗣️ ✏️ Der, die oder das? Verbinde.

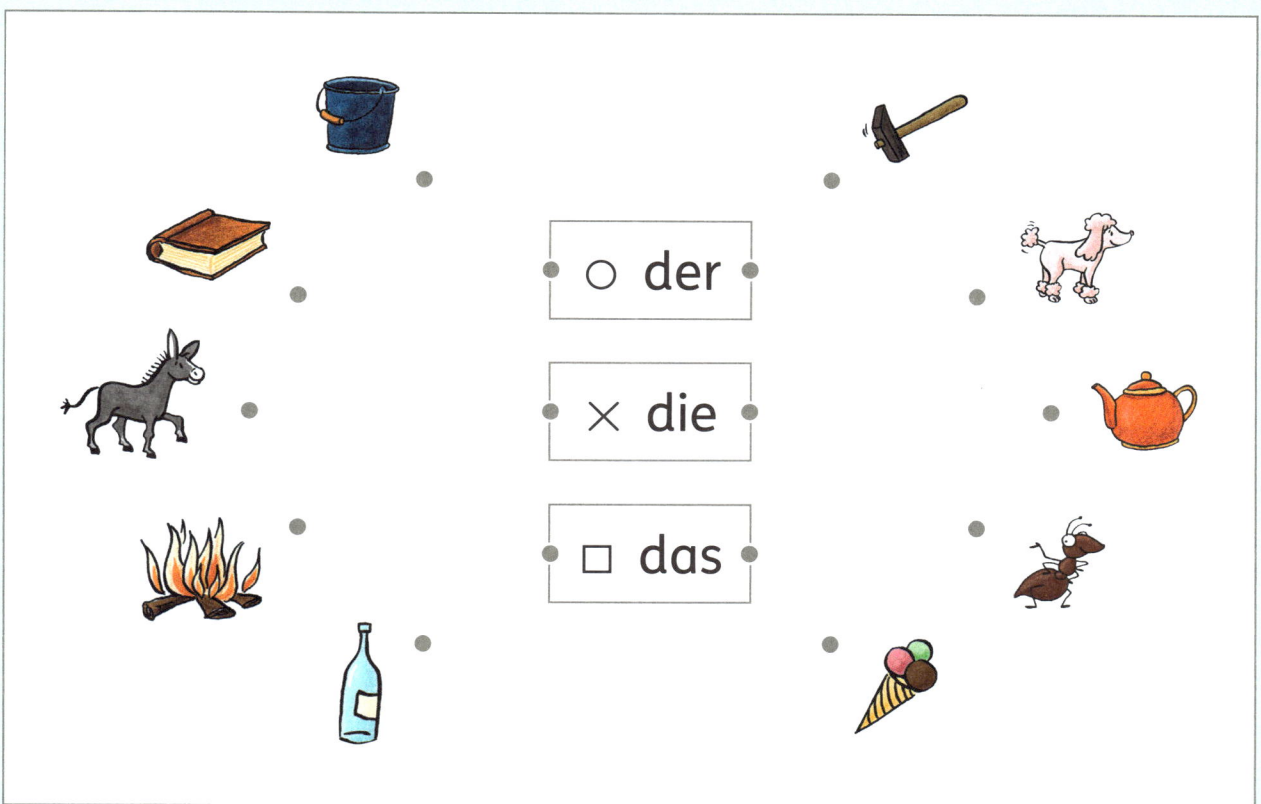

2 🗣️ ✏️ Schreibe die Wörter aus Aufgabe 1 mit Artikel auf.

Das kann ich

○ **1** ✏️ Schreibe.

○ **2** ✏️ Wie heißt das Wort? Verbinde und schreibe.

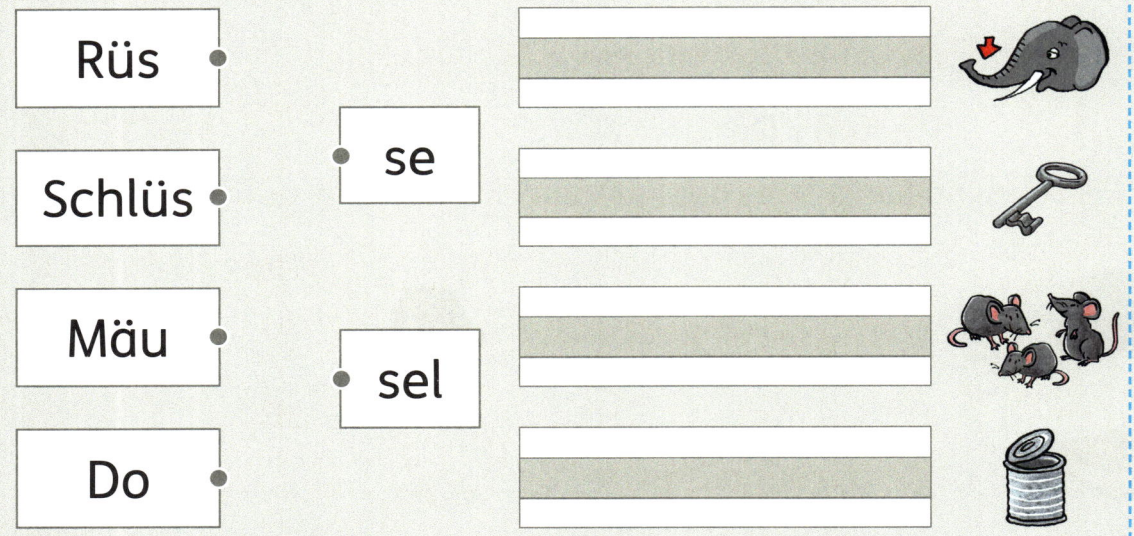

Rüs •

Schlüs •

   • se

Mäu •

   • sel

Do •

😐 🙂

○ **3** ✏️👑 Schreibe den Satz ab. Markiere die Könige (Vokale).

Der Räu**ber** läuft ins Haus.

 😐 🙂

1 mit der Schreibtabelle schreiben
2 Wörter aus Silben zusammensetzen und aufschreiben
3 Satz abschreiben und Silbenkerne markieren

Das kann ich

1 Welche Bilder passen? Lies und verbinde.

✕ Schau**fel**	○ Wür**fel**	□ Au**to**

2 Was ist richtig? Lies, kreise ein und schreibe.

	Lot**ta** schreibt an Pi**ri**. Lot**ta** schneit an Pi**ri**.	Läu Häu
	Omas Schaf ist bunt. **O**mas Schal ist bunt.	me se
	Tü**lin** kauft Lil**li** Blu**men**. Tü**lin** schnauft Lil**li** Blu**men**.	kamm schwamm

Lösungswort: _____

Reisen und entdecken

○ **1** 👄 Beschreibe das Bild.

○ **2** ✏️ 📝 Kennst du andere Länder oder Orte? Male oder schreibe.

1 zum Bild erzählen, sich an Gesprächen beteiligen, über Lernen
  sprechen (Wortschatz zu einem Thema anwenden: Reisen, Erlebnisse)
2 zum Bild malen oder schreiben

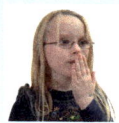

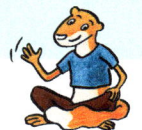

○ **1** Schreibe.

P P P P P | p p p p p

P P

p p

Pp Pp

Piri

Puppe

Ampel

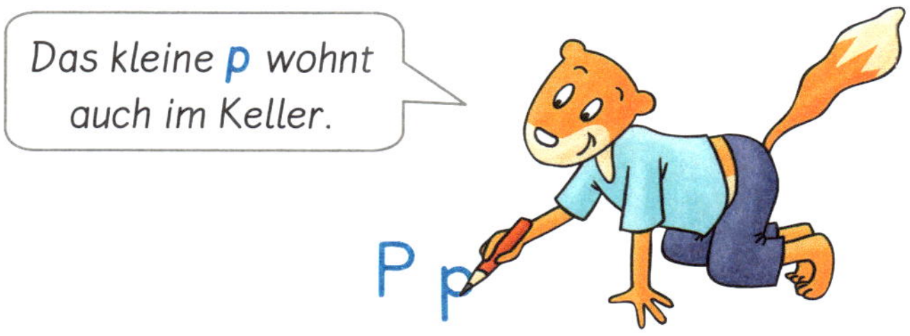
Das kleine p wohnt auch im Keller.
P p

1 Buchstaben und Wörter nachspuren und schreiben

○ **2** ✎ ✎ Kreise Ⓟ und Ⓟ ein. Zähle und schreibe.

> P B b p q P D d p p q b P B P D T B q p
>
> **Pi**rat **Pi**ri packt ein **Post**pa**k**et
> für **Pi**rat **Pe**pe in **Pa**nama.

○ **3** 🔊 ✎ Hörst du P, p im Wort? Kreuze an.

☐　　☐　　☐　　☐

◒ **4** 🔊 ✎ In welcher Silbe klingt P, p? Höre und schreibe P, p.

☐ ☐　　　☐ ☐　　　☐ ☐

☐ ☐ ☐　　　　☐ ☐ ☐

⭐ ☐ ☐　　　⭐ ☐ ☐ ☐

2 Buchstaben erkennen (optische Diskriminierung)
3 Laute erkennen (akustische Diskriminierung)
4 Laute Silben zuordnen (akustische Diskriminierung)

5 〰 ✍ 👑 Schwinge und schreibe. Markiere die Könige (Vokale).

☐ ☐ ✕

✕ ○

★ ★
○ ○

6 👂 ✍ Hörst du P, p oder B, b im Wort? Schreibe.

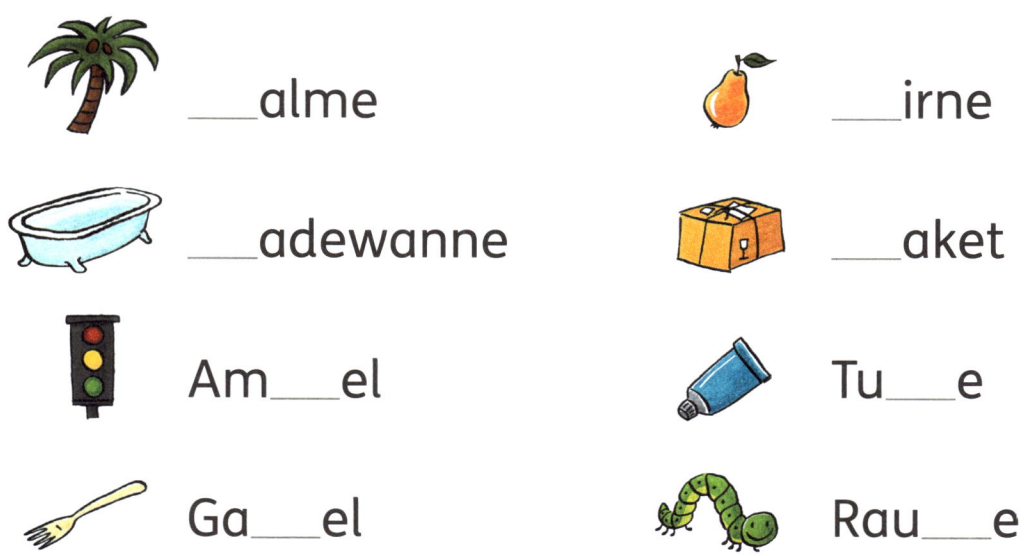

___alme   ___irne

___adewanne   ___aket

Am___el   Tu___e

Ga___el   Rau___e

5 Wörter schwingen, mit der Schreibtabelle schreiben und Silbenkerne markieren
6 ähnlich klingende Laute unterscheiden (akustische Diskriminierung)

51

○ **7** 👓 ✏️ Wie heißt das Wort? Lies und verbinde.

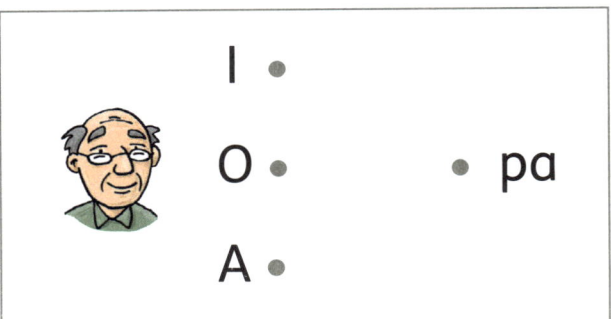

I •
O •   • pa
A •

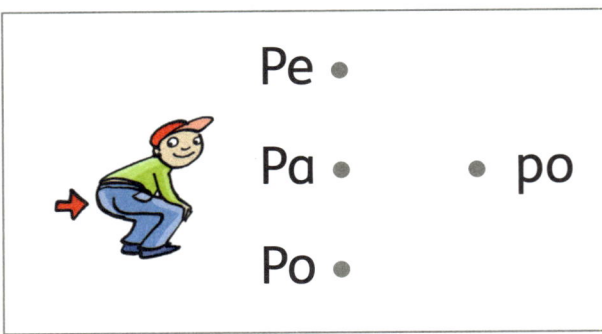

Pe •
Pa •   • po
Po •

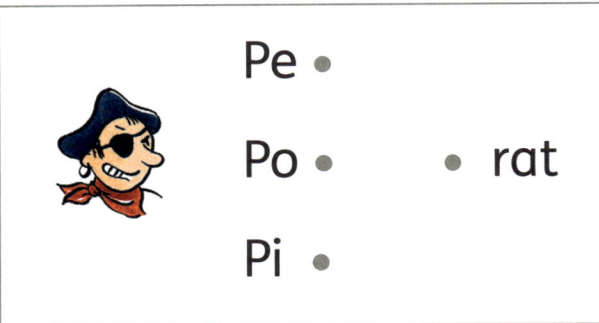

Pe •
Po •   • rat
Pi •

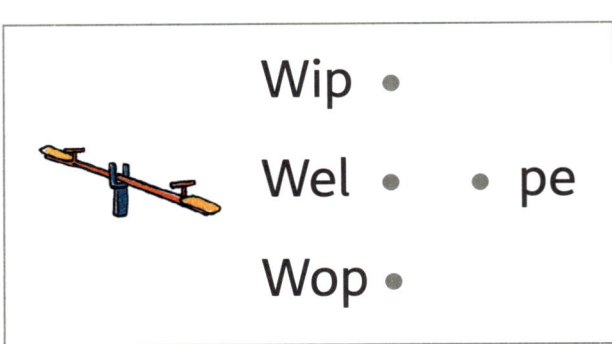

Wip •
Wel •   • pe
Wop •

○ **8** 👓 ✏️ Lies und verbinde.

Lam**pe**   Pu**del**   Am**pel**

Pin**sel**   Pal**me**   Sup**pe**

7 Wörter aus Silben zusammensetzen
8 passende Wörter mit Bild verbinden

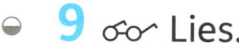

9 👓 Lies.

Post aus Palermo

Maros Oma und Opa sind im Urlaub.
Heute bekommt Maro eine Postkarte.
Maro kann schon lesen, was Opa schreibt.

Hallo Maro,
wir sind in Palermo.
Das ist in Italien.
Wir essen gerne Pasta
mit Tomaten und Parmesan.
Kannst du auch Pasta
kochen?
Bis bald
Oma und Opa

An
Maro Paulus
Pappelallee 11
00251 Leipzig
Deutschland

Nun will Maro mit Papa Pasta kochen.
Im Internet suchen Maro und Papa ein Rezept.

10 👓 ✏️ Lies und schreibe.

Wo sind Oma und Opa?

Was essen sie dort gerne?

-ie

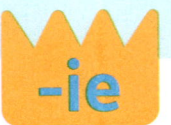

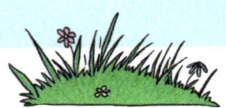

○ 1 Schreibe.

ie ie

ie ie

Wiesel

sieben Bienen

Riesen niesen fies.

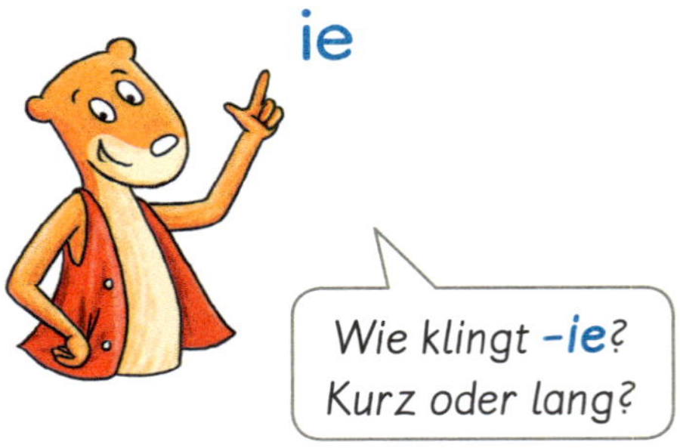
ie
Wie klingt -ie?
Kurz oder lang?

○ 2 Kreise ie ein. Zähle und schreibe.

Drei Wiesel liegen frierend auf der Wiese.

Vier Fliegen fliegen zu zwei Ziegen.

ie

1 Buchstabenverbindung, Wörter und Satz schreiben
2 Buchstaben erkennen (optische Diskriminierung)

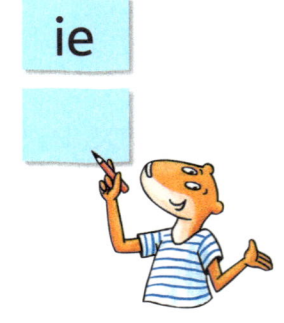

3 📖 ✐ Hörst du ie im Wort? Kreuze an.

☐ ☐ ☐ ☐

☐ ☐ ☐ ☐

4 📖 ✐ Hörst du I, i oder ie im Wort? Verbinde.

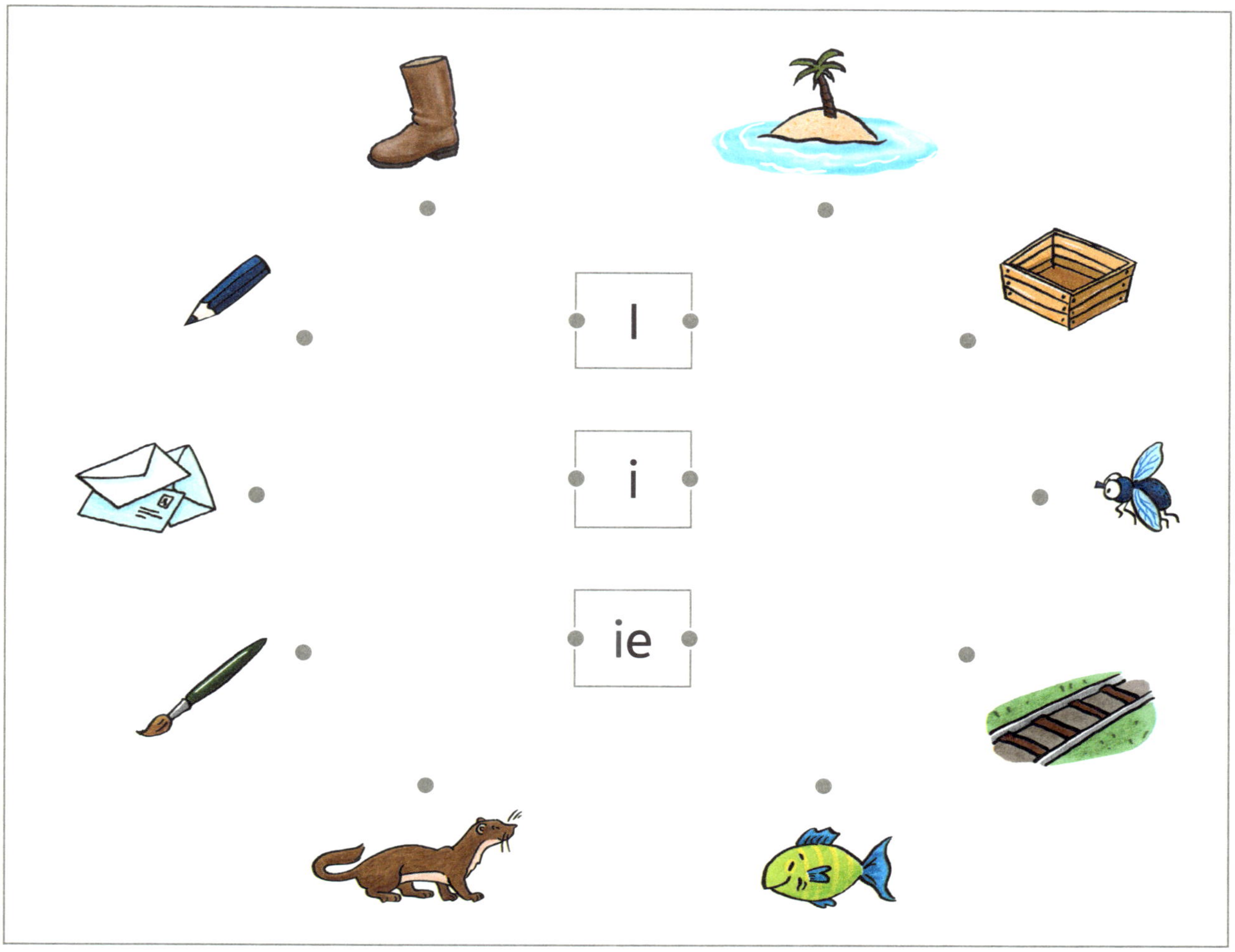

I

i

ie

 **-ie**

⬤ **5** 〰 ✎ ♔ Schwinge und schreibe. Markiere die Könige (Vokale).

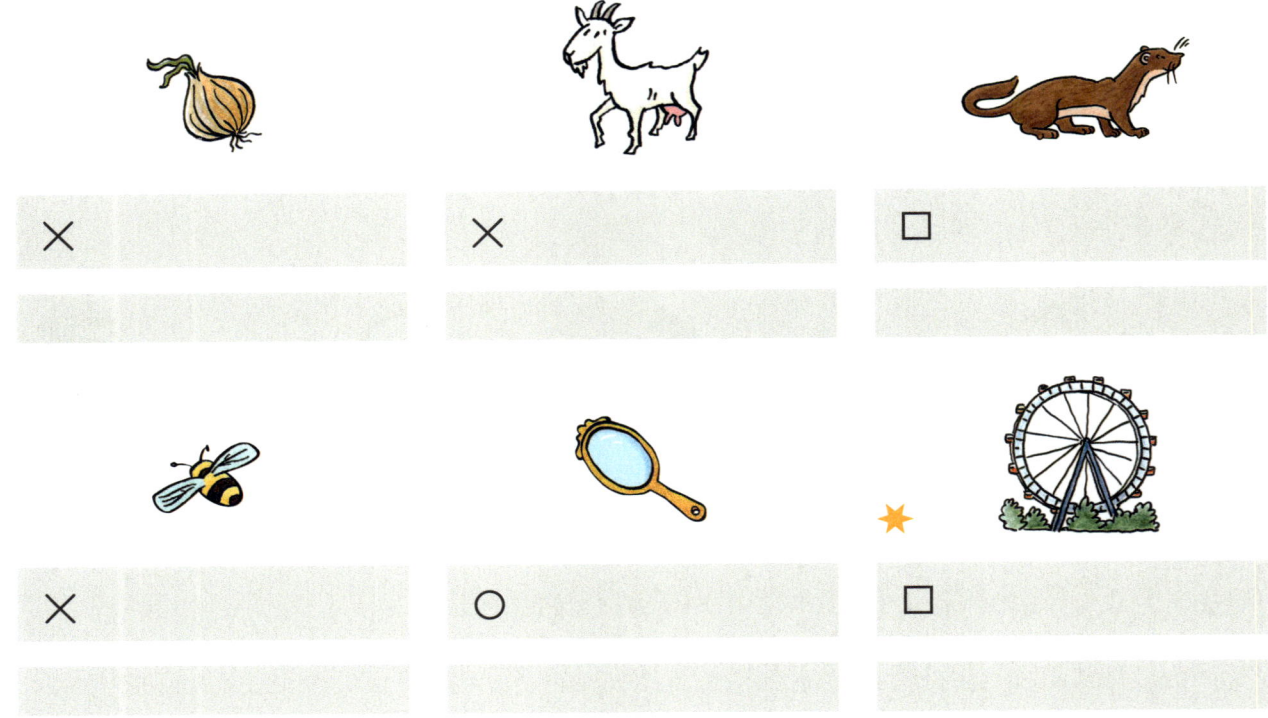

⬤ **6** 〰 ✎ Male Silbenbögen und schreibe.

Fliegen sieben Bienen tief,

schauen sieben Wiesel schief.

5 Schwingen, mit der Schreibtabelle schreiben und Silbenkerne markieren
6 Wörter schwingen und Satz abschreiben

○ **7** 🖉🖉 Wie heißt das Wort? Verbinde und schreibe.

flie •	• chen
rie •	• ren
frie •	• gen

An den Blu**men** kann man _____.

Ohne Jacke muss man _____.

Mit dem Flug**zeug** kann man _____.

● **8** 👓📖 Was passt nicht? Lies und streiche durch.

Alle Kinder | schielen/lieben | ihre Eltern.

Mit meinen Augen kann ich | schieben/schielen |.

Ohne Handschuhe muss Lotta | frieren/rieseln |.

Papa muss sich morgens | radieren/rasieren |.

Die Kinder | spielen/schielen | im Garten.

7 Wörter aus Silben zusammensetzen, schreiben und passend in Sätze einsetzen
8 Sätze sinnerfassend lesen und Falsches durchstreichen

57

9 Lies.

Ein Brief an O**ma** und O**pa**

Ma**ros** O**ma** und O**pa** le**ben** in Wien.
In sie**ben** Ta**gen** kom**men** sie wie**der** aus dem Ur**laub**.
Ma**ro** will sich für die Post**kar**te aus Pa**ler**mo be**dan**ken.
Pa**pa** meint: „Schreib doch ei**nen** Brief!"
Ma**ro** holt Brief**pa**pier.

10 Was fehlt in Maros Brief? Lies und schreibe.

Lie**be** _____, lie**ber** _____,

dan**ke** für die _____.

Ich ha**be** mit Papa Pasta mit _____

und Zwie**beln** ge**kocht**. Das war le**cker**!

Zum Glück seid ihr bald _____ da!

Alles Lie**be**

_____

9 Text sinnerfassend lesen
10 passende Wörter in Text ergänzen

G g

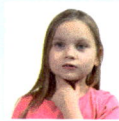

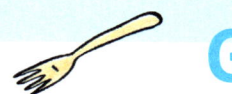

1 Schreibe.

G G G G G

g g g g g

G G

g g

G g G g

Gras

gern

Gabel

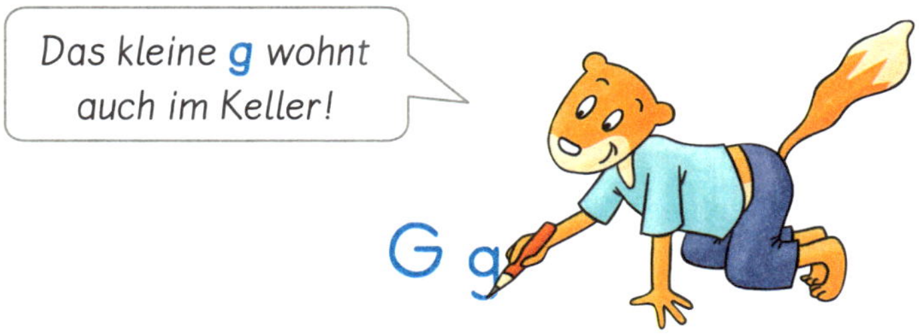
Das kleine g wohnt auch im Keller!
G g

G g

2 🖊️ Kreise G und g ein. Zähle und schreibe.

| Giraffe Greta mag gern grüne Blätter von jungen Bäumen. |

G   g

3 👂 ✗🖊️ Hörst du G, g im Wort? Kreuze an.

☐   ☐   ☐   ☐

4 👂 📝 In welcher Silbe klingt G, g? Höre und schreibe G, g.

☐ ☐   ☐ ☐ ☐   ☐ ☐

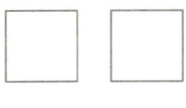  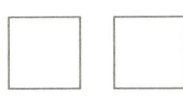

☐ ☐ ☐   ☐ ☐   ⭐ ☐ ☐

⭐ ☐ ☐ ☐   ⭐ ☐ ☐ ☐ ☐

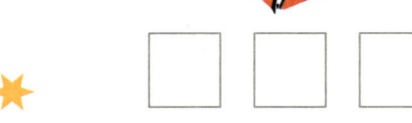 

2 Buchstaben erkennen (optische Diskriminierung)
3 Laute erkennen (akustische Diskriminierung)
4 Laute Silben zuordnen (akustische Diskriminierung)

G g

5 〰 ✏️ 👑✏️ **Schwinge und schreibe. Markiere die Könige (Vokale).**

✕ □ □

⭐ ○   ⭐ ○

6 👂✏️ **Hörst du G, g oder K, k im Wort? Schreibe.**

___ürtel   ___amm

Pa___et   l___el

Papa___ei   ___ei___e

___öni___   ⭐ ⚪ ___u___el

⭐ ___ur___e   ⭐ ___ran___enwa___en

5 Wörter schwingen, mit der Schreibtabelle schreiben und Silbenkerne markieren
6 ähnlich klingende Laute unterscheiden (akustische Diskriminierung)

61

G g

7 Male Silbenbögen und schreibe.

Gregor grillt gerne gesundes Gemüse.

8 Wie heißt das Wort? Lies, verbinde und schreibe.

Ku •			Kra •	
Na •	• gel		Re •	• gen
Se •			Bur •	
Bü •			Au •	

7 Wörter schwingen und Satz abschreiben
8 Wörter aus Silben zusammensetzen und schreiben

G g

9 Lies. Kreise alle Wörter mit G und g ein.

Die Überraschung

Olga badet im See.

Gregor angelt am Ufer.

Mama liest gemütlich ein Buch.

In der Ferne wird es dunkel.

5 Es donnert.

Mama ruft: Wir müssen los!

Es gibt ein Gewitter!

Und schon fallen die ersten Regentropfen.

10 Lies und schreibe.

Was macht Gregor am See?

Was macht Mama?

Was ist die Überraschung?

○ **1** ✎ Schreibe.

Ö   Ö

ö   ö

Öl   Öl

König

hören

schön

Öffner

Ö ö

○ **2** ✎ ✎ Kreise Ö und ö ein.
Zähle und schreibe.

Wie O o,
aber mit • •

Ö ö O o qu ö o d O D Qu d ö e o O Ö e o qu

Fünf schöne Löwen föhnen ihre Mähnen.

Zwölf Kröten löffeln Brötchenbrei mit Öl.

Ö   ö

1 Buchstaben und Wörter schreiben
2 Buchstaben erkennen (optische Diskriminierung)

3 👂 ✏️ Hörst du Ö, ö im Wort? Kreuze an.

☐	☐	☐	☐

4 ✏️ 📝 Wie klingt Ö, ö? Verbinde und schreibe.

Öl: **Möbel,**

Öffner: **Eichhörnchen,**

3 Laute erkennen (akustische Diskriminierung)
4 Laute erkennen (akustische Diskriminierung: Phonem-Graphem-Zuordnung)
  und Wörter mit der Schreibtabelle aufschreiben

65

5 🗣️ ✍️ In welcher Silbe klingt Ö, ö? Höre und schreibe Ö, ö.

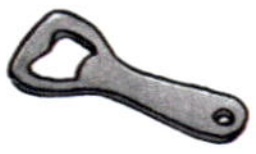

☐	☐	☐	☐	☐	☐	☐	☐

⌣ ⌣⌣⌣⌣ ⌣

| ☐ | ☐ | ☐ | ☐ | ☐ | ☐ | ☐ | ☐ |

⌣⌣⌣ ⌣⌣ ⌣⌣⌣

⭐ ☐ ☐ ☐ ⭐ ☐ ☐ ☐ ⭐ ☐ ☐

⌣⌣⌣ ⌣⌣⌣ ⌣⌣

6 〰️ ✍️ 👑✏️ Schwinge und schreibe. Markiere die Könige (Vokale).

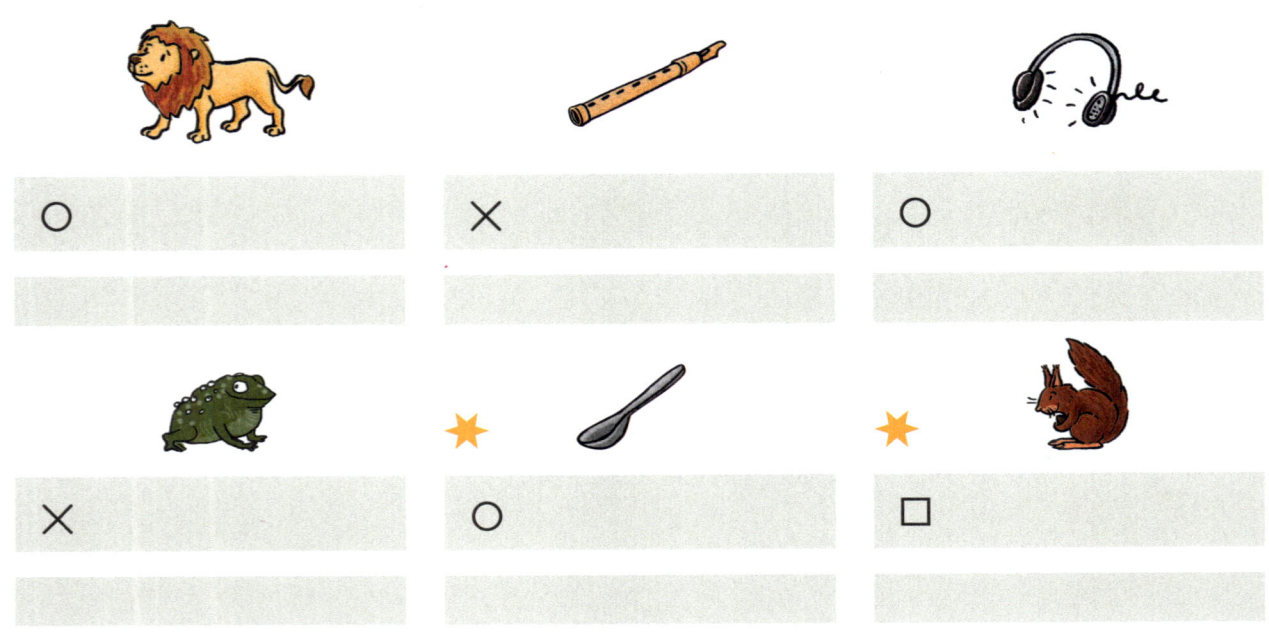

○	✕	○

| ✕ | ⭐ ○ | ⭐ ☐ |

5 Laute Silben zuordnen (akustische Diskriminierung)
6 Wörter schwingen, mit der Schreibtabelle schreiben und Silbenkerne markieren

7  Lies und male.

Ne**ben** dem Tel**ler**
liegt ein Löf**fel**.
Auf dem Tel**ler**
sind drei Bröt**chen**.

₅ Ein gel**ber** Löwe
trifft vor der Höh**le**
eine grü**ne** Krö**te**.

8 Welcher Satz ist hier versteckt? Lies und schreibe.

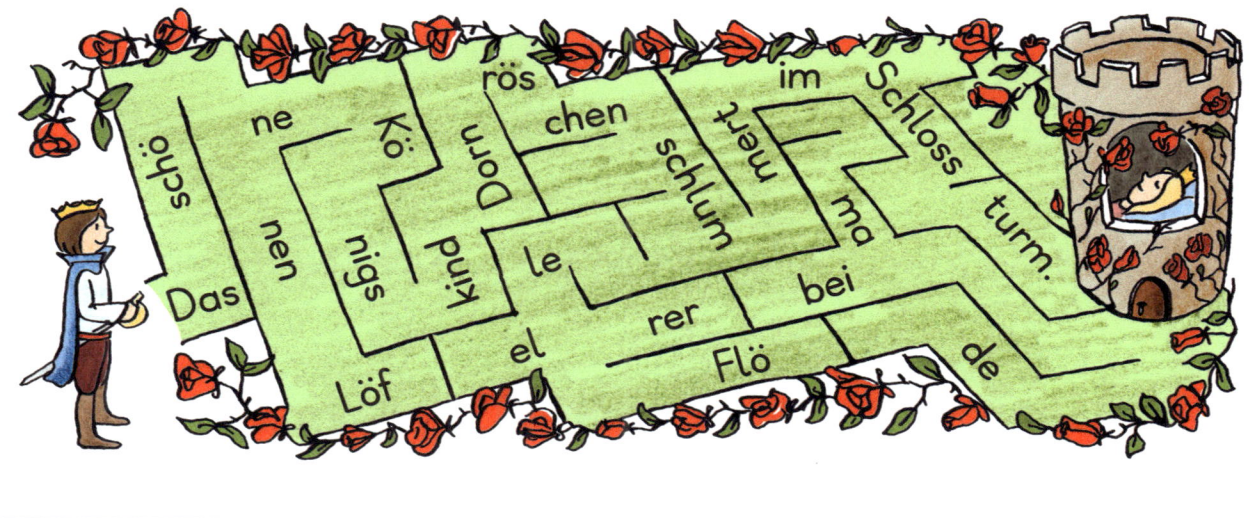

  **Eu eu**

○ **1** ✎ Schreibe.

Eu   Eu

eu   eu

Euro

treu

Eule

Beutel

neun Freunde

○ **2** ✎✎ Kreise ⓔⓤ (Eu) und ⓔⓤ (eu) ein. Zähle und schreibe.

| In der neuen Scheune heult heute |
| eine kleine scheue Eule. |

Eu   eu

1 Buchstabenverbindung und Wörter schreiben
2 Buchstaben erkennen (optische Diskriminierung)

Eu eu

○ **3** 🔊 ✏️ Hörst du Eu, eu im Wort? Kreuze an.

☐ ☐ ☐ ☐

◐ **4** 🔊 ✏️ In welcher Silbe klingt Eu, eu? Höre und schreibe Eu, eu.

☐ ☐
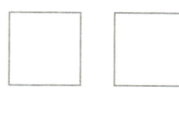

☐ ☐
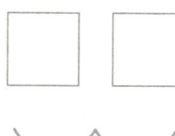

☐ ☐ ☐
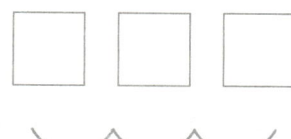

☐ ☐ ☐
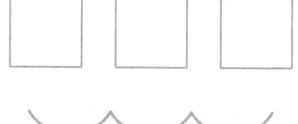

⭐

☐ ☐ ☐ ☐
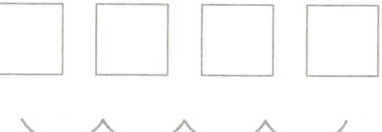

◐ **5** 〰️ ✏️ 👑 Schwinge und schreibe. Markiere die Könige (Vokale).

☐ ✕ ✕

⭐  ⭐

○ ☐

Eu eu

○ **6** 👓 ✏ Lies und schreibe.

| EURO | TURNBEUTEL |

| LEUCHTURM | TEUFEL | FREUDE | SCHEUNE |

Lösungswort:

● **7** ✏ Schreibe die Wörter aus Aufgabe 6 auf.

6 Wörter sinnerfassend lesen, Kreuzworträtsel lösen und Lösungswort aufschreiben
7 Wörter aus dem Kreuzworträtsel aufschreiben

8 ‿ ✎ Male Silbenbögen und schreibe.

Mein netter Freund freut sich.

Er hat einen neuen Turnbeutel.

9 👓 ✗✎ Was ist richtig? Lies und kreuze an.   ☺   ☹

Eine Eule lebt im Wald.   ☐ ☐

Aus dem Euter kommt Limonade.   ☐ ☐

Alle Leute freuen sich über schönes Wetter.   ☐ ☐

Ein Lagerfeuer brennt grün.   ☐ ☐

Mit einem Feuerzeug kann man kochen.   ☐ ☐

Das Flugzeug landet auf der Landebahn.   ☐ ☐

-ß

○ **1** ✎ Schreibe.

ß ß ß ß ß ß ß ß

ß ß

groß

weiß

gießen

süße Klöße

ß

*Das **ß** geht vom Keller bis ins Dach.*

○ **2** ✎ ✎ Kreise ⬭ß ein. Zähle und schreibe.

ß B b ß s b ß b ß ß B b s ß B ß B s b

Maro gießt draußen weiße Blumen.

ß

1 Buchstaben und Wörter nachspuren und schreiben
2 Buchstaben erkennen (optische Diskriminierung)

3 〜 ✏ 👑 Schwinge und schreibe. Markiere die Könige (Vokale).

4 ✏ Wie heißt das Wort? Verbinde und schreibe.

bei

gie

grü

flie

ßen

5 👓 ✏ Lies. Mache nach jedem Wort einen Strich.
Schreibe die Sätze richtig auf.

DerSchwanistweiß.

Denke an die Lücke nach jedem Wort.

ImMüslisindsüßeRosinen.

3 Wörter schwingen, mit der Schreibtabelle schreiben
  und Silbenkerne markieren
4 Wörter aus Silben zusammensetzen und schreiben

5 Wortgrenzen markieren und Sätze richtig
  aufschreiben

73

6 Was reimt sich? Lies und schreibe.

groß	weiß	Floß	heiß

Im Sommer ist es  ,

im Winter ist der Schnee stets  .

Der Elefant ist sehr  ,

er passt nicht auf ein  .

7 Was ist richtig? Lies und kreuze an.

	☺	☹
Eine Ameise ist größer als ein Löwe.	☐	☐
Bei Sonne sind wir gerne draußen.	☐	☐
Im Fußball schießt man mit den Füßen.	☐	☐
Blumen muss man grüßen.	☐	☐
Müll schmeißt man auf die Straße.	☐	☐
Hausaufgaben machen Spaß.	☐	☐

6 Reimwörter erkennen, passende Wörter in Sätze einsetzen
7 Sätze sinnerfassend lesen und überprüfen

8 👓 ✏️ Wie sieht das Zimmer aus? Lies und male an.

Am Fenster sind grüne Gardinen.
Auf dem Schreibtisch ist eine große Schüssel.
In der Schüssel sind süße Erdbeeren.
Auf dem Bett kuschelt ein brauner Affe.

5 Der Kleiderschrank hat weiße Türen.
Auf den Türen sind braune Punkte.

Vor dem Bett liegt ein lila-rot gestreifter Teppich.
Die Lampe unter der Decke ist blau.
Draußen scheint die Sonne.
10 Die Fußballschuhe in der Tasche sind blau-weiß.

9 👓 ✏️ Was ist in der Tasche? Schreibe.

Samir, der neue Schüler

○ **1** ∞ Lies.

Samir ist seit heute neu in der Klasse.
Er kommt aus Indien.
Samir ist erst seit neun Tagen in Deutschland.
In der Pause toben alle Kinder auf dem Hof.
5 Aber Samir ist allein.
Er hat noch keine neuen Freunde gefunden.

Da kommt Klara und tippt
Samir auf die Schulter.
Klara lächelt freundlich: „Hallo Samir."
10 Klara fragt: „Spielst du mit Fußball?"
Samirs Augen leuchten.
Leise sagt er: „Fußball."

Klara freut sich:
„Alles klar, Leute! Samir spielt mit!
15 Er ist in meiner Mannschaft."

◔ **2** ∞ ✎ Lies und schreibe.

Woher kommt Samir?

Wer tippt Samir an?

Was spielen die Kinder?

1 Text sinnerfassend lesen
2 Informationen im Text suchen und aufschreiben

Süßer Lassi

1 👓 ✏ Lies und kreise ß ein.

Samir ist nun immer beim Fußball dabei.
Manchmal nimmt er
eine große Flasche Lassi mit.
Mit Obst wird Lassi süß.
5 Samir mag am liebsten
weißen Kokosmilch-Lassi.
Maro und Lotta lieben rosa Erdbeer-Lassi.

Lassi ist ein erfrischender Trinkjoghurt.

Ich mache mir
Bananen-Lassi.

Rezept für süßen Lassi
– 4 EL Zucker
– ¼ Liter kaltes Wasser
– 500g Joghurt

– Mische Joghurt, Wasser und Zucker.
– Rühre so lange, bis alles schaumig ist.
– Gib nun ein paar Eiswürfel dazu.

2 ✏ 📝 Kennst du auch ein Rezept? Male und schreibe.

1 Text sinnerfassend lesen (Gebrauchstexte verstehen: Rezept) und ß einkreisen
2 malen und mit der Schreibtabelle schreiben (freies Schreiben)

77

Alle reisen

○ **1** 👓 ✎ Lies und schreibe.

Bald sind Ferien.
Maro und seine Familie freuen sich auf den Urlaub.
Sie wollen mit dem Auto nach Italien.
Dort ist es schon schön warm.
₅ Maro schafft Koffer und Taschen nach unten.
Papa soll alles ins Auto tun.

Wo möchte die Familie Urlaub machen?

○ **2** 👓 ✎ Lies und schreibe.

1	Auto

2	Reifen

3	Koffer

4	Roller

5	Ball

6	Flasche

7	Fahrrad

1 Text sinnerfassend lesen, Informationen im Text suchen und aufschreiben
2 passende Wörter dem Bild zuordnen

Heute schlafe ich bei Oma

1 Lies.

Heute übernachte ich bei meiner Oma.
Meinen Tiger Tabu nehme ich auch mit.
Oma Helena ist die beste Oma der Welt.
Sie kocht immer Grießbrei für mich.
5 Omas Grießbrei mag ich am liebsten.

Nach dem Essen spielen wir meistens noch.
Manchmal schauen wir Bücher an.
Oder ich darf mit Opas Eisenbahn spielen.
Im Bett erzählt mir Oma Helena
10 dann noch eine lustige Geschichte.

Meine Oma Helena ist die beste Oma
auf der ganzen Welt, weil sie so viel Zeit
für mich hat.

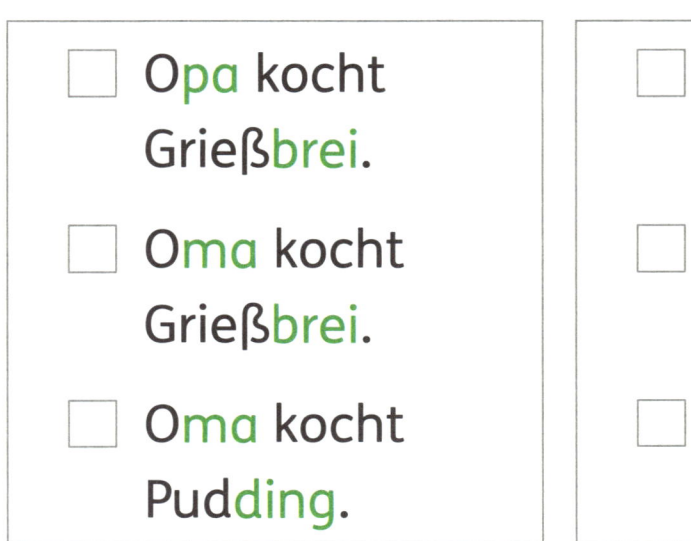

2 Was ist richtig? Lies und kreuze an.

☐ Opa kocht Grießbrei.

☐ Oma kocht Grießbrei.

☐ Oma kocht Pudding.

☐ Opa spielt mit der Eisenbahn.

☐ Oma spielt mit der Eisenbahn.

☐ Ich spiele mit der Eisenbahn.

1 Text sinnerfassend lesen
2 passende Sätze zum Text ankreuzen

Opas Geschenk

1 Lies.

Tom feiert heute
seinen Geburtstag.
Er wartet in der Küche auf seine Freunde.
Mama ruft: „Dein Besuch ist da!"
5 Tom öffnet die Tür.
Draußen sind Mia, Göran und Paul.
Der Postbote ist auch da.
Er sagt: „Ich habe ein Paket für Tom Schuster?"

Tom nimmt das Paket und bedankt sich.
10 Seinen Freunden sagt er:
„Das ist sicher Opas Geschenk."
Göran fragt: „Ist das ein Schwert?"

Tom schnappt sich sofort eine Schere
und öffnet das Paket.
15 Im Paket ist ein Poster.
Tom freut sich: „Eine Weltkarte! Super!
Ich will Opa eine Karte schreiben
und mich bedanken!"

1 Text sinnerfassend lesen

Mia wundert sich: „Warum ist alles blau?

20 Ist das der Himmel?

„Blödsinn, das ist das Meer", erklärt Paul.

Paul ist schon acht Jahre alt

und weiß oft mehr

als die anderen.

25 Manchmal weiß er auch

alles besser.

„Dieses Meer heißt Mittelmeer", liest Mia vor.

Mia kann nämlich schon gut lesen.

● 2 ᴏᴏ ✎ Lies und schreibe.

Wer hat Geburtstag?

Wer hat das Paket gebracht?

Was fragt Göran?

Was ist im Paket?

Wie alt ist Paul?

Was kann Mia gut?

Namibia

1 👓 Lies.

Namibia ist ein Land in Afrika.
Dort gibt es die Namib-Wüste.
Der Sand ist rot und
wunderschön warm.
In Namibia gibt es Löwen.
Deswegen wird das Land auch
das Königreich der Löwen genannt.

In Namibia regnet es selten.
Die Tiere kommen zu Wasserlöchern,
um zu trinken.
Dort treffen sich Antilopen, Giraffen und Elefanten.

Manchmal kommen sogar Nashörner.
An der Küste leben viele Seehunde.
Sie sind sehr laut.

2 👓 ab✏ Welche Tiere leben in Namibia? Unterstreiche.

1 Text sinnerfassend lesen
2 Informationen im Text suchen und unterstreichen

Moskau

1 👓 Lies.

Moskau ist die Hauptstadt
von Russland.
Die Menschen reden dort russisch.
Es gibt sehr viele Autos
5 und Busse.
Unter der Erde fahren U-Bahnen.
Einige U-Bahnhöfe
sehen aus wie Paläste.
Dort gibt es sogar
10 Kronleuchter.

Der berühmteste Platz
ist der Rote Platz.
Dort steht die Basiliuskirche.
Sie hat bunte Steine und
15 Zwiebeltürme.

2 👓 ✏ Lies und schreibe.

Wie reden die Menschen in Moskau?

Was gibt es in den U-Bahnhöfen?

die Leu**te**

kön**nen**

lie**ben**

h**ö**ren

der Freund

Decke die Wörter ab oder klappe sie nach hinten.

ÜBEN
Wörter schreiben

○ **1** ✎ 👑 Schreibe Piris Wörter. Markiere die Könige (Vokale).

○ **2** ✎ 👑 Schreibe die Wörter auf. Kreise ie und ß ein.

| groß | sie**ben** | der Fuß | lie**ben** |

○ **3** ✎ 👑 Schreibe und kreise ie ein.

| Rie**se** | Schie**ne** | Knie |

 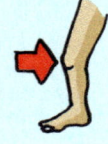 

1 Lernwörter schreiben und Silbenkerne markieren
2 Wörter schreiben und ie und ß einkreisen
3 Wörter schreiben und ie einkreisen

ÜBEN
Wörter schreiben

○ **1** ✏️ 👑 ✏️ Schreibe Piris Wörter. Markiere die Könige (Vokale).

der Euro
sieben
die Raupe
groß
die Wiese

◑ **2** ✏️ Wie heißt das Wort? Verbinde und schreibe.

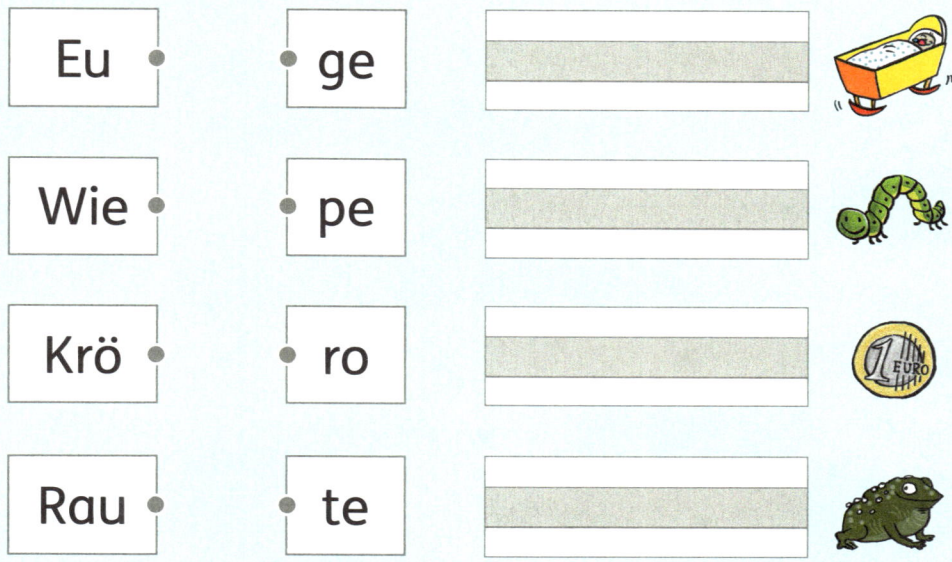

Eu •	• ge	
Wie •	• pe	
Krö •	• ro	
Rau •	• te	

● **3** 〰️✏️ö Schwinge und schreibe. Kreise ö ein.

---

1 Lernwörter schreiben und Silbenkerne markieren
2 Wörter aus Silben zusammensetzen und schreiben
3 Wörter schreiben und ö einkreisen

☒ ☺

 S. 11/12

ÜBEN
Wörter und Sätze schreiben

1 🖊 Finde den richtigen Anfangsbuchstaben. Schreibe die Wörter auf.

K	D	P	B	G	T

das ___eld   die ___adehose   die ___alme

der ___offer   das ___aschentuch   der ___elfin

_____

_____

_____

2 🖊 🖊 Was gehört zusammen? Schreibe die Sätze richtig auf.
Kreise den Satzanfang und den Punkt im Satzende ein.

Samir		isst Pasta in		Indien.
Toni		trinkt Lassi in		Italien.

_____

_____

_____

1 Nomen mit Artikel schreiben (Großschreibung von Nomen)
2 Sätze als Sinneinheit erfassen und aufschreiben, Satzanfang und Satzschlusszeichen einkreisen

1 ✏️ Lies. Mache nach jedem Wort einen Strich. Schreibe die Sätze richtig auf.

NeunEulenheulen.

SiebenZiegenwiegensichimWind.

DerLöwehatheuteFlöhe.

EinPinguinistkeinPelikan.

⭐ NeugierigeBienenfliegenaufdieWiese.

ÜBEN
Sätze lesen und schreiben

Würfele mit 2 Würfeln.

● **1** 👓 ✏ Würfele. Schreibe die Sätze auf.

⚀ Das Paket		⚀ kommt aus Moskau.	
⚁ Maro		⚁ malt ein Schiff.	
⚂ Der Löwe		⚂ brüllt laut.	
⚃ Lotta		⚃ rollt ums Haus.	
⚄ Ein Koala		⚄ liebt Bambus.	
⚅ Papagei Paul		⚅ hat Krallen am Fuß.	

● **2** 🧑‍🤝‍🧑 💬 Lies deine Sätze einem anderen Kind vor.

88

1 Sätze als Sinneinheit erfassen, Sätze erwürfeln und aufschreiben
2 Ergebnisse mit einem anderen Kind austauschen

1  Lies und male.

Ostern

In einem runden Nest liegen fünf Ostereier.
In der Mitte liegt ein blaues Ei.
Ein Ei ist gelb mit roten Punkten.
Ein Ei hat grüne Kreise.

Auf einem Ei sitzt eine Biene.
Das weiße Ei ist kaputt.
Ein süßes kleines Küken schaut daraus hervor.

Aber, oh Schreck!
Auf einem Ei sitzt eine große Spinne!

1 Text sinnerfassend lesen und dazu malen

○ **1** 👂 ✏️ Was hörst du am Ende? Verbinde.

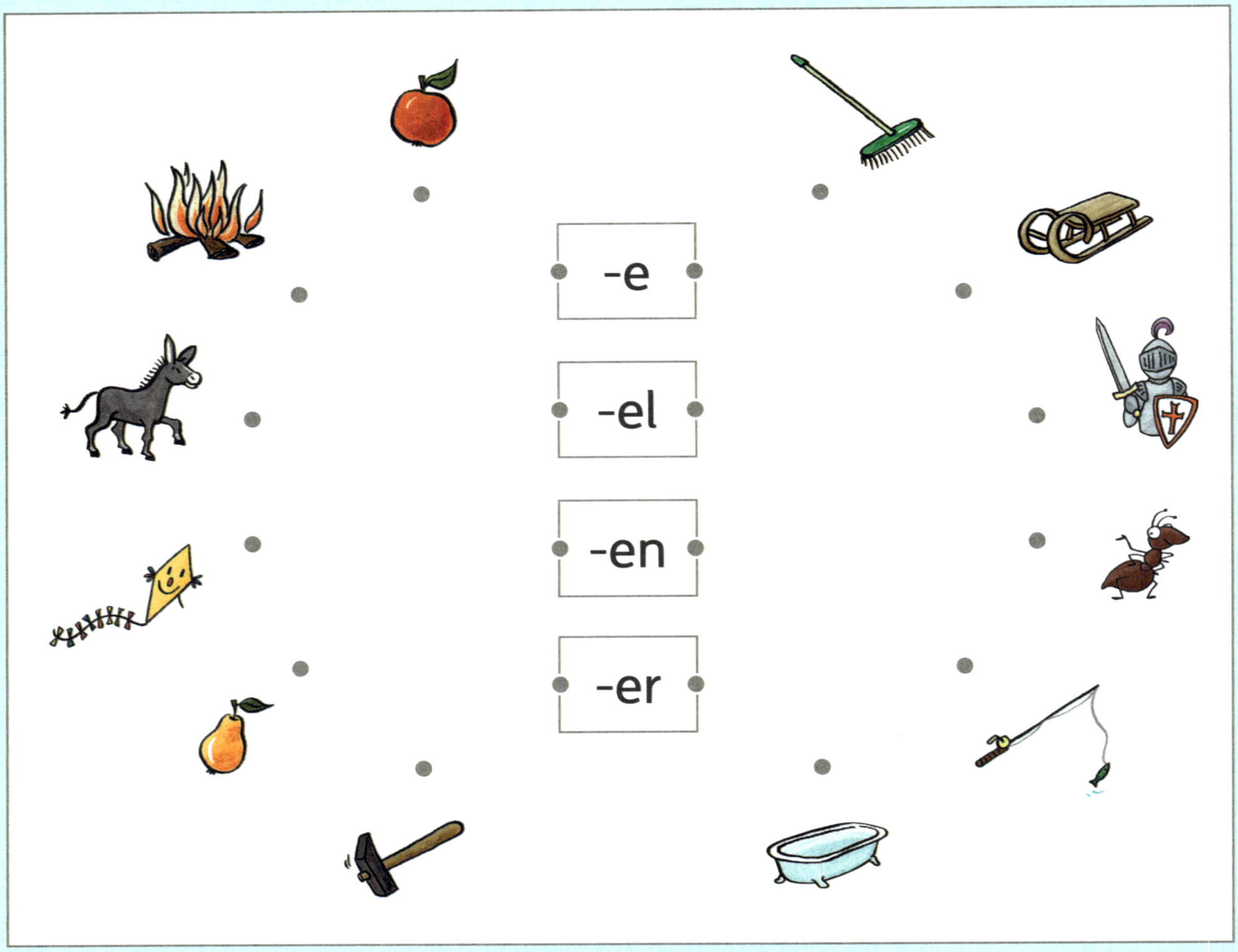

-e

-el

-en

-er

● **2** 👂✏️ Was hörst du am Ende? Schreibe.

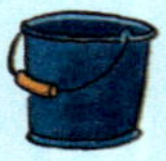

Eim____   Kuch____

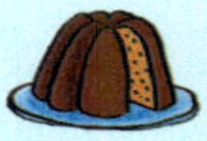

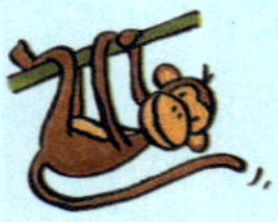

Aff____   Pud____

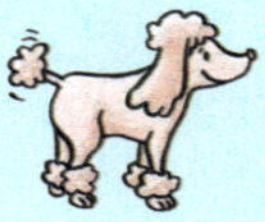

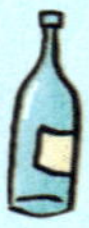

Flasch____   Roll____

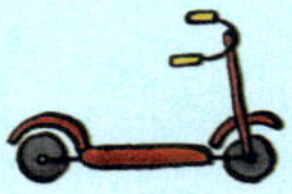

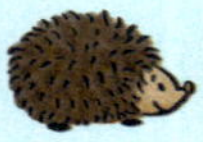

Ig____   Schlitt____

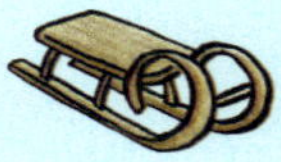

1 Endung für Nomen passend zuordnen
2 Endung für Nomen passend ergänzen

ÜBEN
Endungen bei Verben

○ **1** 👁 👂 ✋ Lies und verbinde. Kreise e oder en ein.

| wir schlafen |
| ich schlafe |
| wir essen |
| ich esse |

● **2** ✏ Was fehlt? e oder en? Schreibe.

ich les**s**____   wir les**s**____

ich mal**l**____   wir mal**l**____

ich hör**r**____   wir hör**r**____

ich schreib**b**____   wir schreib**b**____

● **3** 📝 Schreibe.

ich   ich   ich

1 Personalform passend zuordnen und Wortendung einkreisen
2 Endung für Personalform passend ergänzen
3 Personalform schreiben

91

ÜBEN

o – ö

1 ᴏ⌐ ╴ꞁ **Lies und verbinde.**

Kloß	Korb	Horn	Ton

Hör**ner**	Klö**ß**e	Tö**n**e	Kör**b**e

2 ᴗᴗ 🖉 👑🖊 **Schwinge und schreibe. Markiere die Könige (Vokale).**

1 Wörter passend verbinden (Einzahl – Mehrzahl)
2 Wörter schwingen, mit der Schreibtabelle schreiben und Silbenkerne markieren

ÜBEN
Nomen großschreiben

○ **1** ∾ ✎ Schreibe ○, ✕ oder □.

□	Hose	□	Kissen	□	Bär
□	Gürtel	□	Kamera	□	Kleid
□	Puppe	□	Auto	□	Buch
□	Mantel	□	Brille	□	Schal

● **2** ✎ ∘✎ Was ist im Koffer? Schreibe mit Artikel.
Kreise den Anfangsbuchstaben ein.

Nomen schreibe ich
am Anfang groß:
Ⓟ i r i

der Ⓖürtel,

Das kann ich

1 〰️ 🖊️ 🖍️ **Schwinge und schreibe.**
Markiere die Könige (Vokale).

In jeder Silbe ist ein König (Vokal).

Leute	Raupe	Wiese	Soße	schön

☺ ☺

2 🖊️ **Wie heißt das Wort? Verbinde und schreibe.**

Eu •   • ße

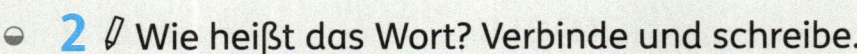 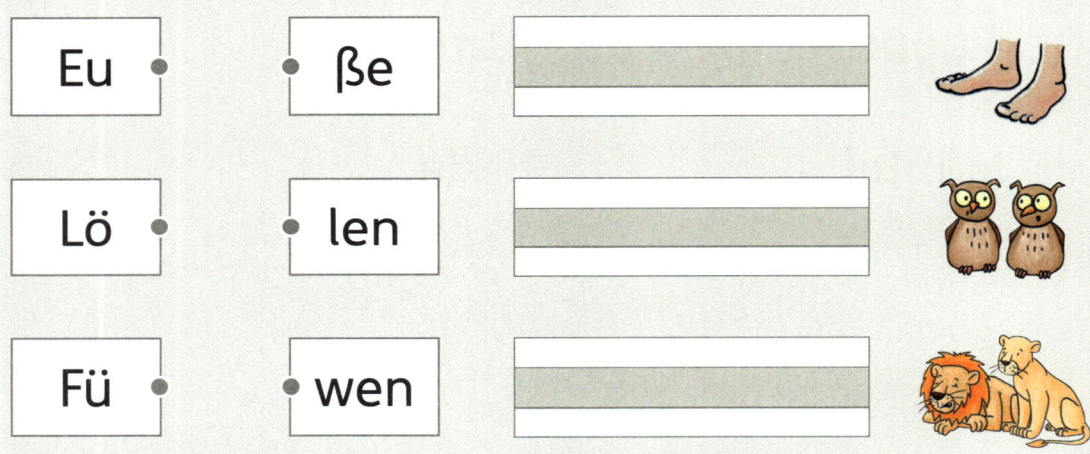

Lö •   • len

Fü •   • wen

☺ ☺

3 🖊️ 〰️ **Male Silbenbögen und schreibe.**

Gute Freunde essen gemeinsam süße Klöße.

1 Wörter schwingen, abschreiben, Könige markieren
2 Wörter aus Silben zusammensetzen und schreiben
3 Wörter schwingen und Satz abschreiben

Das kann ich

1 👓 ✏️ Welche Bilder passen? Lies und verbinde.

Fuß	Euro	Brötchen

 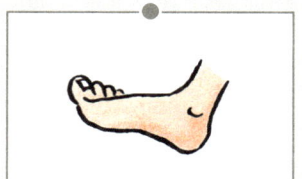 

😐 🙂

2 👓 ✏️ Was ist richtig? Lies, kreise ein und schreibe.

Piri schreit einen Liebesbrief.	POST
Piri schreibt einen Liebesbrief.	PA
Tülin erzählt lustige Gerichte.	KEN
Tülin erzählt lustige Geschichten.	KET

Lösungswort:

😐 🙂

3 👓 ✏️ Was passt nicht? Lies und streiche durch.

Heute scheint schreibt die Sonne.

Die Wiese schön ist saftig grün.

Wir können klein draußen Fußball spielen.

😐 🙂

1 Wörter sinnerfassend lesen und mit passendem Bild verbinden
2 Sätze sinnerfassend lesen und überprüfen, Wort aus Silben zusammensetzen und aufschreiben
3 Sätze sinnerfassend lesen und Falsches durchstreichen

95

Der Frühling ist da!

Gestalte ein Plakat
zum Thema Frühling.

1. Überlege:
   Was gehört alles zum Frühling?

2. Sammle Wörter und Texte,
   Bilder und Dinge.

3. Gestalte dein Plakat:
   Male, schneide und klebe.

4. Schaut euch die Plakate gemeinsam an.
   Welche Plakate sind besonders gut gelungen?